U0016774

專門為中學生寫的程式語言設計

強化邏輯思考力

李家同
劉國有
謝一功
侯冠維
陳庭偉
——著

序言
Preface

　　教育部在推行一個政策，在國、高中要讓學生學會寫程式。學寫程式總要有一本教科書，因此我們寫了這一本專門為中學生寫的程式語言設計教科書。要會寫程式，首先要有邏輯思考的能力，可是，選擇程式語言也是重要的，有些程式語言對專家來說，是非常好的，如 C 語言，遺憾的是，這種語言相當難學，所以我們選擇了 Python 語言。

　　Python 語言的優點，是比較容易學習，當然，它也有一些指令是很抽象、不好懂的，我們盡量地避免那些指令。

　　要會寫程式，絕對不能只懂得程式語言，我們必須學會設計流程圖，很多老師不強調流程圖，其結果往往是學生怎麼樣都學不會寫程式，這是很可惜的事。反過來說，如果會設計流程圖，要將流程圖轉換成程式是非常容易的事。

我在此介紹一個網站，這個網站上有很多很多的電腦程式，雖然這些電腦程式是用 C 語言寫的，每一個程式都有一個流程圖，所以，大家不妨利用這個網站來練習如何設計流程圖。

https://www.cci.pu.edu.tw/assets/uploads/practice/pucci_pgSample.pdf

雖然這本書是啟蒙的書，但是對中學生來講，也不一定要學會所有的章節。我認為高中的學生，至少應該學到第六章。有些學生實在對寫程式有困難，至少要學習到第四章。

Python 語言其實並不能用來寫非常大的程式，所以同學們如果要成為專業的軟體工程師，仍然要學習其他的程式語言。可是大家不要忘記，在寫程式以前，一定要先設計流程圖，沒有學會設計流程圖，絕不可能會寫程式的。

老師們一定要知道，你們的任務當然要教會學生程式語言，可是，更重要的任務是要使學生有邏輯思考的能力，而所謂邏輯思考，就是要能設計流程圖，到了大學，教授們強調演算法，其實演算法也是流程圖。

李家同

目錄
Contents

Chapter 9　遞迴程式

Chapter 10　排序

Chapter 11　資料結構

Chapter 12　借還書

Chapter

Python 語言的
編譯器以及使用方法

我們這本書所使用的電腦語言叫做 Python，是一個很容易用的語言，三兩下就學會了，如何寫程式以後再教，在這一章，我們要告訴各位一件事，那就是 Python 語言不是電腦能夠直接看得懂的語言，因為它是一種所謂高階語言，高階的意思是和我們自然語言很相近，為了要使電腦看得懂，我們需要一個編譯器，編譯器的功能就是將一個高階電腦語言翻譯成電腦看得懂的語言，這個編譯器叫做 IDLE，在 Python 的官方網站上可以免費下載，讀者可以下載以後按照指示安裝軟體。

Python 的網址: https://www.python.org/downloads/

本書使用的 Python 版本是 3.6.1。

寫程式的步驟如下：

步驟 1：將 Python 安裝完成後，打開 Python，會看到 Python 程式的主畫面：

步驟 2：選 File 裡面的 New File，螢幕上會出現一個副畫面，程式就寫在這個副畫面上。

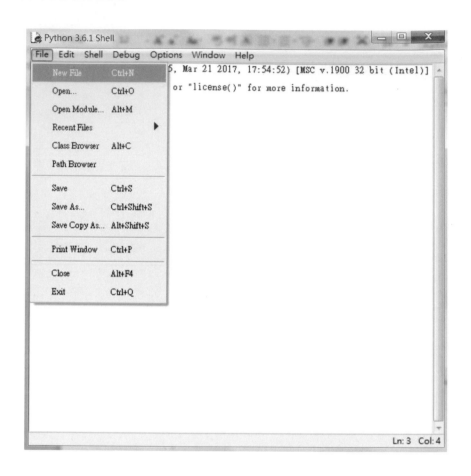

專門為中學生寫的程式語言設計

步驟 3：現在可以在副畫面上直接打入程式，以下是一個例子：

步驟 4：將寫好的程式存檔，選擇 File 中的 Save。

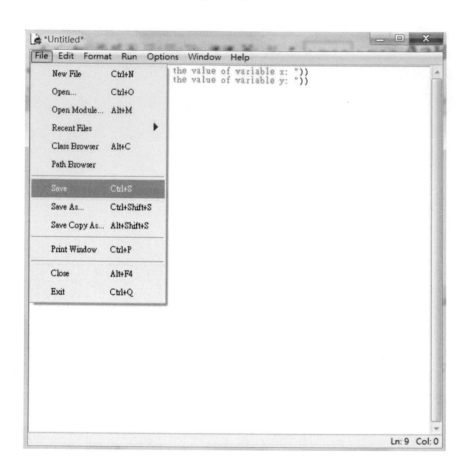

專門為中學生寫的程式語言設計

步驟 5：打入檔案的名稱，例如名稱為 example，選擇存檔。

步驟 6：點選 Run 裡面的 Run Module，或是直接按 F5，就可以編譯並執行此程式。

專門為中學生寫的**程式語言設計**

步驟 7：執行的結果會顯示 Python 程式的主畫面上，以下是程式執行的結果：

如果你要將執行的結果存檔，也是可以的。

1

Chapter

簡單的程式

要寫 Python 語言的程式，要注意一件事情，那就是程式一定要用純文字編輯器，比方說絕對不能用 Word 的 doc 檔案，我們建議你用 Python 內建的編輯器。

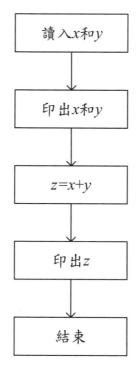

例題 1.1　整數加法

假設我們有兩個整數 x 和 y，我們要求 $x+y$, 我們的程式流程圖如圖 1.1。

圖 1.1 ▶ 例題 1.1 的流程圖

以下是程式：

```
x = int(input("Please input the value of variable x : "))
y = int(input("Please input the value of variable y : "))
```

```
print("x value : ", x)
print("y value : ", y)


z = x + y


print("z value : ", z)
```

以下是指令的解釋，請讀以下的指令：

```
x = int(input("Please input the value of variable x : "))
```

int 是指 integer(整數)

input 是指輸入，也就是 x 要從鍵盤輸入，輸入完要按下鍵盤上的 enter。

請注意，Python 語言利用 input( )指令，可以輸入資料，但是，這個資料都是字串，比方說，你輸入 2，Python 語言並不知道這是數字的 2，必須用別的指令使程式知道這是數字。所以，我們要在 input( )的前面加上 int( )，這樣 Python 語言就知道輸入的是一個正整數。我們稱為「轉型」，將「文字字串」轉為「整數數字」。

" "內會原封不動地印出來，當然是顯示在電腦的顯示器上。所以我們會在螢幕上看到：Please input the value of variable x :

以下的指令是將 x 的值印出來，而且印出以後，會自動換行。

```
print("x value : ", y)
```

" "內部的字會都印出來，後面的 x 會印出它的值，如果 $x=5$，這時候印出來的就是 5。

對 print 指令而言，它有兩個引數(argument)，一個是 "x value : "，另外一個是 x，我們必須分開這兩個引數，所以必須要加逗號","，也就是說，以下的指令是不符合 Python 的語法。

```
print("x value : " x)
```

如果我們只要印 x，可以用以下的指令：

```
print(x)
```

假設我們要 print x 和 y 也要用逗號，以下的指令是對的。

```
print(x,y)
```

至於

```
z = x + y
```

以上的指令會將 x 加上 y，然後 z 的值就變成了 $x+y$。

以下是程式執行的結果：

Please input the value of variable x : 14
Please input the value of variable y : 53
x value : 14
y value : 53
z value : 67

Please input the value of variable x : -11
Please input the value of variable y : 7
x value : -11
y value : 7
z value : -4

Please input the value of variable x : -22
Please input the value of variable y : -4
x value : -22
y value : -4
z value : -26

Please input the value of variable x : 4
Please input the value of variable y : -4
x value : 4
y value : -4
z value : 0

例題 1.2 計算(x+y)/2

假設我們有兩個整數 x 和 y，我們要求(x+y)/2, 我們的程式流程圖如圖 1.2。

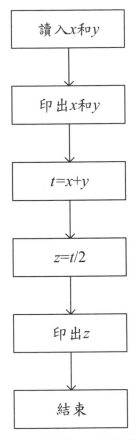

圖 1.2 ▶ 例題 1.2 的流程圖

以下是程式：

```
x = int(input("Please input the value of variable x : "))
y = int(input("Please input the value of variable y : "))


print( 'x value : ', x)
```

```
print( 'y value : ', y)
t = x + y
z = t / 2

print("z value : ", z)
```

以下是程式執行的結果：

```
Please input the value of variable x : 3
Please input the value of variable y : 12
x value :  3
y value :  12
z value :  7.5


Please input the value of variable x : 11
Please input the value of variable y : -4
x value :  11
y value :  -4
z value :  3.5


Please input the value of variable x : -7
Please input the value of variable y : 7
x value :  -7
y value :  7
z value :  0.0
```

例題 1.3 計算(x+y)*(u+v)

假設我們有 4 個整數 x, y, u 和 v 我們要求$(x+y)*(u+v)$，我們的程式流程圖如圖 1.3。

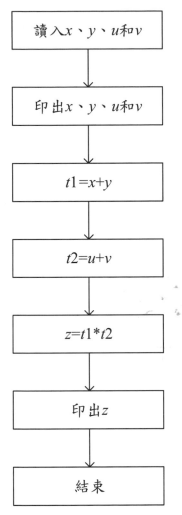

圖 1.3 ▶ 例題 1.3 的流程圖

以下是程式：

```python
x = int(input("Please input the value of variable x : "))
y = int(input("Please input the value of variable y : "))
u = int(input("Please input the value of variable u : "))
v = int(input("Please input the value of variable v : "))

print("x = ", x)
print("y = ", y)
print("u = ", u)
print("v = ", v)

t1 = x + y
t2 = u + v

z = t1 * t2

print("z value : ", z)
```

....

以下是程式執行的結果：

```
Please input the value of variable x : 14
Please input the value of variable y : 3
Please input the value of variable u : 9
Please input the value of variable v : 22
x =  14
y =  3
```

u = 9

v = 22

z value : 527

Please input the value of variable x : -7

Please input the value of variable y : 20

Please input the value of variable u : 5

Please input the value of variable v : -9

x = -7

y = 20

u = 5

v = -9

z value : -52

Please input the value of variable x : 7

Please input the value of variable y : 9

Please input the value of variable u : 6

Please input the value of variable v : -6

x = 7

y = 9

u = 6

v = -6

z value : 0

例題 1.4　浮點數字

如果我們要處理的數字是浮點數字，我們可以用 float 來取代 int。

以下是程式：

```
x = float(input("Please input the value of variable x : "))
y = float(input("Please input the value of variable y : "))
print("x value : ", x)
print("y value : ", y)


z = x + y


print("z value : ", z)
```

以下是程式執行的結果：

```
Please input the value of variable x : 0.7
Please input the value of variable y : 3.4
x value :  0.7
y value :  3.4
z value :  4.1


Please input the value of variable x : -5.1
Please input the value of variable y : -3.2
```

x value : -5.1

y value : -3.2

z value : -8.3

Please input the value of variable x : -0.7

Please input the value of variable y : 0.7

x value : -0.7

y value : 0.7

z value : 0.0

Please input the value of variable x : 4.3

Please input the value of variable y : -5.1

x value : 4.3

y value : -5.1

z value : -0.7999999999999998

例題 1.5　Input 裡面是空的

在先前的例子中，我們都會在 input()內部加入"Please input the value of variable x"，其實也可以不加這句話。請看以下的程式；

```
x = int(input())
y = int(input())
z = x + y
```

```
print(z)
```

以下是程式執行的結果：

```
6
5
11

-3
3
0
```

例題 1.6　輸入文字

如果要輸入文字，也很簡單，請看以下的程式：

```
A = input("Please input your name:")
print("How are you? Mr. ", A)
```

以下是程式執行的結果：

```
Please input your name:T.W. Chen
How are you? Mr. T.W. Chen
```

Please input your name:陳庭偉

How are you? Mr. 陳庭偉

例題 1.7　二次方

以下程式計算 a^2+b^2

```python
a = int(input("請輸入 a = "))
b = int(input("請輸入 b = "))
c = pow(a,2) + pow(b,2)
print("c = ",c)
```

以下是程式執行的結果：

請輸入 a = 3
請輸入 b = 4
c = 25

請輸入 a = 13
請輸入 b = 16
c = 425

例題 1.8　次方

以下程式計算 x^y：

```
x = int(input("請輸入 x = "))
y = int(input("請輸入 y = "))
z = pow(x,y)
print("z = ",z)
```

以下是程式執行的結果：

```
請輸入 x = 5
請輸入 y = 2
z =  25
```

```
請輸入 x = 5
請輸入 y = 4
z =  625
```

例題 1.9　小於 1 的次方

以下程式計算 x^y，但 y 為介於 0 到 1 間的浮點數字：

```
x = int(input("請輸入 x = "))
```

```
y = float(input("請輸入 y = "))
z = x**y
print("z = ",z)
```

以下是程式執行的結果：

```
請輸入 x = 16
請輸入 y = 0.5
z =  4.0
```

```
請輸入 x = 27
請輸入 y = 0.33333
z =  2.9999670418123382
```

例題 1.10　計算 log(x)

以下程式計算 $y = \log(x)$：

```
import math
x = int(input("請輸入 x = "))
y = math.log(x)
print("y = ",y)
```

在這個程式，log(x) 是以 e=2.718 為底。

以下是程式執行的結果：

請輸入 x = 2

y = 0.6931471805599453

請輸入 x = 5

y = 1.6094379124341003

　　以上的程式中，我們用了 import，所謂 import 乃是引進某些 Python 特別的函數，以這個例子來說，我們引進的函數，乃是有關數學的一些函數。如果不引進，有些數學運算是不行的。

例題 1.11 計算平方根

以下程式計算：$y = \sqrt{x}$

```
import math
x = int(input("請輸入 x = "))
y = math.sqrt(x)
print("y = ",y)
```

以下是程式執行的結果：

請輸入 x = 16

y = 4.0

請輸入 x = 25

y = 5.0

例題 1.12　計算 sin(x)

以下程式計算 $y = \sin(x)$：

```python
import math
x = float(input("請輸入 x = "))
y = math.sin(x*math.pi)
print("y = ",y)
```

以下是程式執行的結果：

請輸入 x = 0.16666

y = 0.4999818618966967

請輸入 x = 1

y = 1.2246467991473532e-16

請輸入 x = 0.5

y = 1.0

習題

❶ 寫一程式，輸入 a, b, c, d，計算 $\dfrac{(a+b)}{(c-d)} \times d$。先畫出流程圖。

❷ 假設有一組二元一次方程式如下：

$a_1x+b_1y=c_1$

$a_2x+b_2y=c_2$

此組方程式的解如下：

$$x = \frac{(c_1b_2-c_2b_1)}{(a_1b_2-a_2b_1)}$$

$$y = \frac{(c_1a_2-c_2a_1)}{(b_1a_2-a_1b_2)}$$

寫一方程式，輸入此方程式變數之係數，計算此組方程式的解。先畫出流程圖。

❸ 輸入 a 和 b，求：

$$c = \frac{a^2+b^2}{a^2-b^2}$$

❹ 輸入 a 和 b，求：

$$c = \sqrt{a^2+b^2}$$

❺ 輸入 a、b 和 c，求：

$$c = a - (b + c)(3a - c)$$

2
Chapter

有 if 指令的程式

我們日常生活中，常會收到「如果怎樣怎樣，你就該如何如何。」的指令。比方說，你問路，回答的話極可能是：「如果你碰到紅綠燈的交通號誌，就向右轉」。你小時上學，媽媽會叮嚀你，「如果天下雨，就打傘」。

這種情形，在我們寫程式的時候，也會發生，含有「如果」的指令，就是含有 if 的指令，這種指令可由圖 2.1 表示。

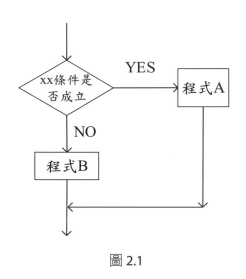

圖 2.1

圖 2.1 的程式的意義：

如果某某條件成立，執行程式 A。

否則，執行程式 B。

我們在以下的幾節中會陸續地解釋一些 if 指令的例子。

例題 2.1　兩個數字中選大的那一個

我們讀入兩個數 x 和 y，我們要從 x 和 y 中選一個大的數字。流程圖如圖 2.1。

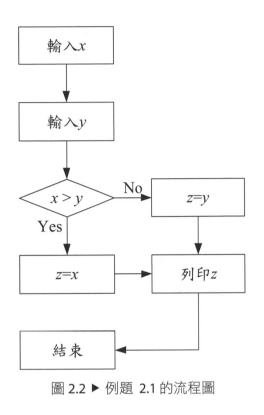

圖 2.2 ▶ 例題 2.1 的流程圖

以下是程式：

```
x = int(input("Please input the value of variable x : "))
y = int(input("Please input the value of variable y : "))


print("x = ", x)
print("y = ", y)
```

```
if x > y:
        z = x
else:
        z = y


print("z = ", z)
```

在以上的程式中，有所謂的縮排，比方說，請看下面的指令：

```
if x > y:
        z = x
else:
        z = y
```

我們要注意兩點：

(1) if 和 else 要對齊。

(2) z = x 必須縮排，否則有語法錯誤。但是要注意，一旦第一次縮排的時候用了多少空格數目，以後要用同樣的空格數目來縮排，比方說，第一次縮了 4 格，以後縮排的時候也要用 4 格。

以下是程式執行的結果：

```
Please input the value of variable x : 11
Please input the value of variable y : 21
x =  11
y =  21
```

z = 21

Please input the value of variable x : 2

Please input the value of variable y : -3

x = 2

y = -3

z = 2

Please input the value of variable x : -9

Please input the value of variable y : -5

x = -9

y = -5

z = -5

例題 2.2　求 x-y 或 y-x

我們讀入 x 和 y，如果 $x>y$，則回傳 x-y，否則回傳 y-x。也就是說，我們總在回傳大數減小數。

這個程式的流程圖如圖 2.3。

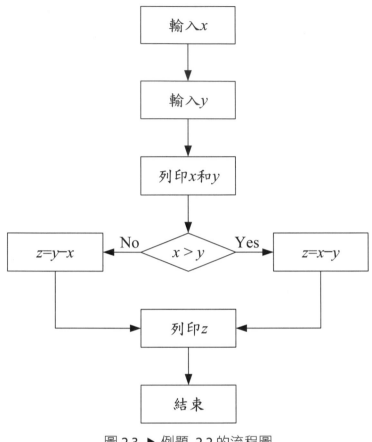

圖 2.3 ▶ 例題 2.2 的流程圖

以下是程式：

x = int(input("Please input the value of variable x : "))

y = int(input("Please input the value of variable y : "))

print("x = ", x)

print("y = ", y)

```
if x > y:

        z = x - y

else:

        z = y - x


print("z = ", z)
```

以下是程式執行的結果：

Please input the value of variable x : 11

Please input the value of variable y : 20

x = 11

y = 20

z = 9

Please input the value of variable x : -4

Please input the value of variable y : 4

x = -4

y = 4

z = 8

Please input the value of variable x : 9

Please input the value of variable y : 9

x = 9

y = 9

z = 0

例題 2.3　將負數轉成正數

　　我們讀入一個數字，如果是負數，就將它轉成正數。這個程式的流程圖如圖 2.4 所示。

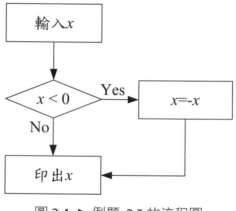

圖 2.4 ▶ 例題 2.3 的流程圖

以下是程式：

x = int(input("Please input the value of variable x : "))

if x < 0:

　　　　x = - x

```
print("x = ", x)
```

以下是程式執行的結果：

Please input the value of variable x : 5
x = 5

Please input the value of variable x : -13
x = 13

Please input the value of variable x : 0
x = 0

例題2.4 輸出學生成績對應的級別

　　我們輸入一個學生的分數，若分數 90 分以上，則級別為 A；若分數為 80~89，則級別為 B；若分數為 70~79，則級別為 C；若分數 60~69，則級別為 D；若分數未滿 60，則級別為 F，流程圖如圖 2.5 所示。

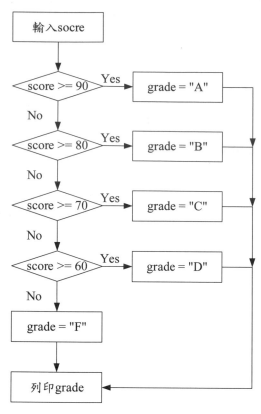

圖 2.5 ▶ 例題 2.4 的流程圖

以下是程式：

```
print("輸入學生成績，將會輸出對應的成績級別")
score = int(input("輸入成績(0~100)："))
if score >= 90:
    grade = "A"
elif score >= 80:
    grade = "B"
elif score >= 70:
    grade = "C"
```

```
elif score >= 60:
    grade = "D"
else:
    grade = "F"
print("此成績級別為",grade)
```

以上的程式中，我們用了 >= 的指令，這是「大於或等於」的意思。

以下是程式執行的結果：

輸入學生成績，將會輸出對應的成績級別
輸入成績(0~100)：97
此成績級別為 A

輸入學生成績，將會輸出對應的成績級別
輸入成績(0~100)：62
此成績級別為 D

輸入學生成績，將會輸出對應的成績級別
輸入成績(0~100)：88
此成績級別為 B

輸入學生成績，將會輸出對應的成績級別

輸入成績(0~100)：70

此成績級別為 C

輸入學生成績，將會輸出對應的成績級別

輸入成績(0~100)：21

此成績級別為 F

例題 2.5　根據購買價格決定折扣

　　某商店在大特價，根據購買的商品總金額決定打折的折扣，總金額越高則折扣越多。總金額未滿 1000 無折扣，總金額 1000 至 4999 元折扣為 9 折，總金額為 5000 至 9999 元折扣為 8 折，總金額高於 10000 元折扣為 7 折。折扣後若有小數點，四捨五入。將折扣後的金額算出並印出，流程圖如 2.6 所示。

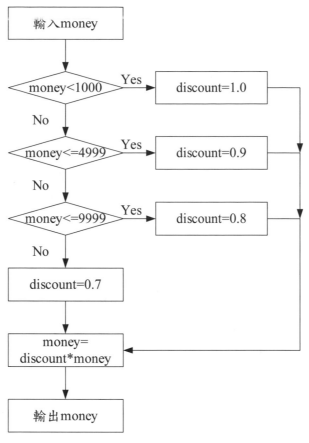

圖 2.6 ▶ 例題 2.5 的流程圖

以下是程式：

```
print("輸入總金額，將會依據金額打折，並輸出打折後的金額")
money = int(input("請輸入購買總金額："))
if money < 1000:
    print("抱歉，沒有折扣唷！")
    discount = 1.0
elif money <= 4999:
```

```
print("享有 9 折優惠唷！")
    discount = 0.9
elif money <= 9999:
    print("享有 8 折優惠唷！")
    discount = 0.8
else:
    print("享有 7 折優惠唷！")
    discount = 0.7
#round(a,b)表示將 a 值在小數點第 b 位四捨五入
money = int(round(money*discount,0))
print("打折後總金額為：",money)
```

　　以上的程式用了 #，凡是程式中的任何一行開頭用了 #，這一行就不是指令了，程式在執行的時候會跳過這一行。或是任何一行中間用了 # 符號，則從 # 符號開始到結尾都視為「註解」。以我們的程式來講，這一行是在解釋一件事，主要是要將 a 值在小數點第 b 位四捨五入，比方說 a = 3.146，b = 3，那麼四捨五入的結果，a 就等於 3.15。如果 a = 3.143，b = 3，則 a 會等於 3.14。

　　一個很長的程式，是需要註釋的，否則別人會看不懂，自己也會忘了程式在做什麼，所以加註釋，絕對有其必要。

　　以上的程式用了 < (小於)以及 <= (小於或等於)。

　　如果我們要查驗 x 是否等於 y，一定要用下列的指令

```
if x==y:
```

　　請注意，我們必須要用兩個等號，代表判斷或比較。

···

以下是程式執行的結果：

輸入總金額，將會依據金額打折，並輸出打折後的金額

請輸入購買總金額：80

抱歉，沒有折扣唷！

打折後總金額為： 80

輸入總金額，將會依據金額打折，並輸出打折後的金額

請輸入購買總金額：3000

享有 9 折優惠唷！

打折後總金額為： 2700

輸入總金額，將會依據金額打折，並輸出打折後的金額

請輸入購買總金額：8888

享有 8 折優惠唷！

打折後總金額為： 7110

輸入總金額，將會依據金額打折，並輸出打折後的金額

請輸入購買總金額：11000

享有 7 折優惠唷！

打折後總金額為： 7700

以下練習中，都需畫流程圖。

① 寫一程式，輸入 x 和 y，如果 $x \geq y$，則列印 x，否則，列印 y 先畫出流程圖。

② 寫一程式，輸入 x 和 y，如果 x 和 y 都是正數，令 $z=1$，如兩者均為負數，令 $z=0$，否則，令 $z=0$。

③ 寫一程式，輸入 x, y, u, v。如果 $(x+y)>(u+v)$，則令 $z=x+y$，否則令 $z=u+v$。

④ 寫一程式，輸入 x, y, u, v。如果 $\dfrac{x+y}{u-v} \geq 2$，令 $z=x-y$，否則令 $z=u-v$。

⑤ 寫一程式，輸入 x 和 y，如果 $x \geq y$，令 $z=x^2$，否則令 $z=y^2$。

6 依照以下的流程圖，寫一程式。

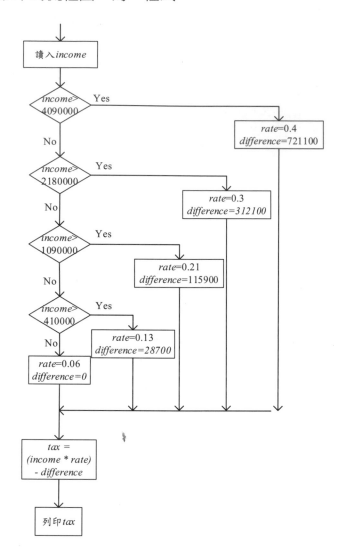

7 將以下程式的流程圖畫出來。

```
x = input("Enter x: ")

y = input("Enter y: ")


if x > 0:

    if y > 0:
```

```python
        print ("1st quadrant\n")
    elif y == 0:
        print ("X-axis\n")
    elif y < 0:
        print ("4th quadrant\n")

elif x == 0:
    if y == 0:
        print ("Origin\n")
    else:
        print ("Y-axis\n")

elif x < 0:
    if y > 0:
        print ("2nd quadrant\n")
    elif y == 0:
        print ("X-axis\n")
    elif y < 0:
        print ("3rd quadrant\n")
```

3
Chapter

有 for 迴圈指令的程式

在寫程式的時候，我們常常遇到一個要重覆做幾乎同樣指令的情形。這種程式必定含有迴圈指令。

例題 3.1　五個整數的總和

假設我們要讀入五個整數，然後求這五個整數的和。我們的做法原理是一個加一個，一直加到五個數全部加完為止。這個程式的流程圖如圖 3.1。

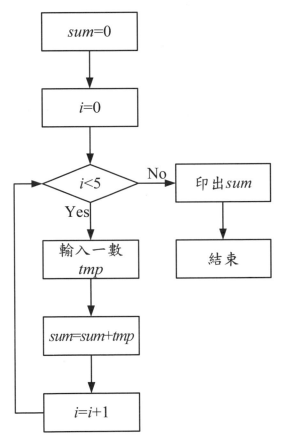

圖 3.1 ▶ 例題 3.1 的流程圖 (五個整數的總和)

以下是程式：

sum = 0

for i in range(5): # i will be increased by 1 from 0 to 4

        tmp = int(input("Please input the value : "))

        sum = sum + tmp

print("sum = ", sum)

以下是程式的解釋，請看以下的指令：

for i in range(5)

這個指令的意思是 $i=0$ 為開始，以後每次 $i=i+1$，直到 $i=4$ 為止，這樣這個迴圈內的指令一共做了五次。

#的後面都不是程式的指令，而是解釋指令。

舉例來說：

$i=0, tmp=3, sum=sum+tmp=0+3=3$

$i=1, tmp=5, sum=sum+tmp=3+5=8$

$i=2, tmp=1, sum=sum+tmp=8+1=9$

i=3, *tmp*=10, *sum*=*sum*+*tmp*=9+10=19

i=4, *tmp*=7, *sum*=*sum*+*tmp*=19+7=26

最後的答案是 26

以下是程式執行的結果：

Please input the value : 5

Please input the value : 6

Please input the value : 17

Please input the value : 4

Please input the value : 21

sum = 53

例題 3.2　N 個數的和

在例題 3.1 中，我們求五個數的和。如果每次求的數字個數是一個變數 *N*，就只要將流程圖改成如圖 3.2 就可以了。

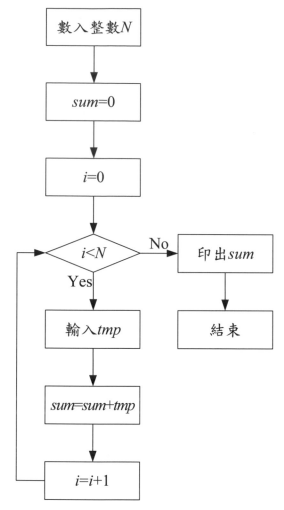

圖 3.2 ▶ 例題 3.2 的流程圖 (N 個數的和)

我們可以看出，N 是讀入的。

以下是程式：

N = int(input("Please input the value of variable N : "))
sum = 0

```
for i in range(N): # i will be increased by 1 from 0 to N-1
        tmp = int(input("Please input the value : "))
        sum = sum + tmp

print("sum = ", sum)
```

以下是程式執行的結果：

Please input the value of variable N : 3

Please input the value : 15

Please input the value : 3

Please input the value : 6

sum = 24

例題 3.3　求最大值

　　假設我們有 N 個正整數，而我們要求其中的最大的值，這個問題也可以用迴圈指令來解決。

　　要求最大值，我們可以一開始假設最大值(MAX)等於零，然後我們逐一地檢查讀入的每一個數字，如讀入的數字比 MAX 還要大，我們就令 MAX 等於這個數字，如果讀入的數字沒有比 MAX 大，我們就不做任何改變。如此，MAX 最後一定會等於這一連串數字中的最大值。

　　我們的流程圖如圖 3.3 所示。

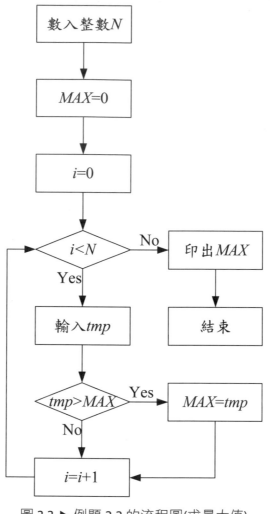

圖 3.3 ▶ 例題 3.3 的流程圖(求最大值)

以下是程式：

N = int(input("Please input the value of variable N : "))

MAX = 0

for i in range(N): # i will be increased by 1 from 0 to N-1

```
        tmp = int(input("Please input the value : "))
        if tmp > MAX:
                MAX = tmp

print("MAX = ", MAX)
```

一個例子：

N=5

Max=0

i=0, 讀入 5, Max=5

i=1, 讀入 3, Max=5

i=2, 讀入 10, Max=10

i=3, 讀入 7, Max=10

i=4, 讀入 15, Max=15

答案是, 最大值是 15

以下是程式執行的結果：

Please input the value of variable N : 4

Please input the value : 37

Please input the value : 75

Please input the value : 42

Please input the value : 68

MAX = 75

例題 3.4　求最大奇數值

　　要求最大奇數值，我們可以一開始假設最大值 (*MAX*) 等於零，然後逐一地檢查讀入的每一個數字，不過我們得先判斷讀入的數字是否為奇數再判斷此數字是否比 *MAX* 還要大，如讀入的數字為奇數又比 *MAX* 還要大，我們就令 *MAX* 等於這個數字，否則不做任何改變。

　　要判斷一個數字是否為奇數可以用取餘數符號%，$x\%y$ 為 x 除以 y 取餘數，例如，5%2=1，利用 n 除以 2，如餘數為 1，即可辨別 n 是奇數，反之，如果 n 除以 2，餘數為 0，則代表 n 為偶數。流程圖如圖 3.4 所示。

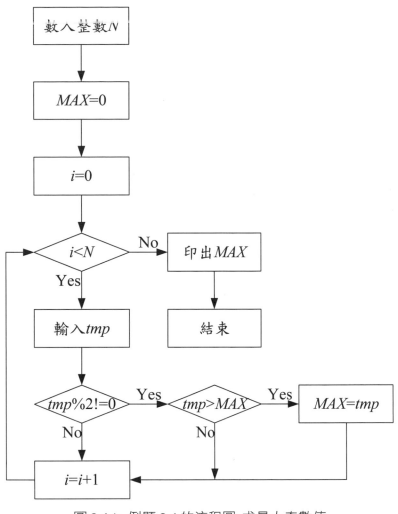

圖 3.4 ▶ 例題 3.4 的流程圖: 求最大奇數值

以下是程式：

N = int(input("Please input the value of variable N: "))

MAX = 0

for i in range(N): # i will be increased by 1 from 0 to N-1

```
    tmp = int(input("Please input the value:"))
    if tmp % 2 != 0:
        if tmp > MAX:
            MAX = tmp


print("MAX= ", MAX)
```

以上的程式用了 !=，這就是「不等於」的意思。

以下是程式執行的結果：

```
Please input the value of variable N: 5
Please input the value:8
Please input the value:6
Please input the value:5
Please input the value:3
Please input the value:2
MAX= 5
```

例題 3.5　求 N 階層

　　N 階層即為 1 * 2 * 3 * … * N。在例題 3.2 中，我們將 N 個讀入的數一個一個加到底，而要求出例題 N 階層，我們則是將每次迴圈都會加一的 i 乘到 VAL 裡，而此時要特別注意因為 N 階層為乘法，所以

VAL 一開始要指定為 1。流程圖如圖 3.5 所示。注意，程式碼中 for i in range(2, N+1):會讓 i 由 2 到 N。

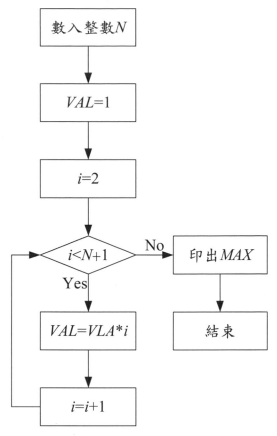

圖 3.5 ▶ 例題 3.5 的流程圖 (求 N 的階層)

以下是程式：

N = int(input("Please input the value of variable N: "))
VAL = 1

for i in range(2, N+1): # i will be increased by 1 from 2 to N
    VAL = VAL * i

print("VAL= ", VAL)

例：N=4

VAL=1
i=2, VAL=VAL*i=1*2=2
i=3, VAL=VAL*i=2*3=6
i=4, VAL=VAL*i=6*4=24
答案是 24

以下是程式執行的結果：

Please input the value of variable N: 3
VAL= 6

Please input the value of variable N: 5
VAL= 120

Please input the value of variable N: 7
VAL= 5040

例題 3.6　輸出九九乘法表

在某些情形下，我們的程式會有雙層迴圈的需要，如產生九九乘法表。我們先觀察九九乘法表，主要是做 x*y，剛開始 x 為 1 時，y 從 1 到 9，因此 x*y 會產生 1 的 1 到 9 的倍數，接著 x 為 2 時，y 一樣從 1 到 9，因此 x*y 會產生 2 的 1 到 9 的倍數，如此則會發現每次 y 皆從 1 到 9 與 x 相乘後 x 會加一，一直重複做到 x 為 9 即完成九九乘法表，因此外部迴圈以 x 由 1 到 9，內部迴圈則以 y 一樣由 1 到 9，流程圖如圖 3.6 所示。

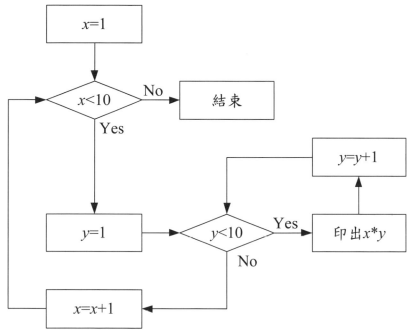

圖 3.6 ▶ 例題 3.6 的流程圖(九九乘法表)

以下是程式，這個程式有兩個迴圈：

```
for x in range(1, 10): # x will be increased by 1 from 1 to 9
    for y in range(1, 10): # y will be increased by 1 from 1 to 9
        print(x,"*",y,"=",x*y),
    print(" ")
```

以下是程式執行的結果：

1 * 1 = 1

1 * 2 = 2

1 * 3 = 3

1 * 4 = 4

1 * 5 = 5

1 * 6 = 6

1 * 7 = 7

1 * 8 = 8

1 * 9 = 9

2 * 1 = 2

2 * 2 = 4

2 * 3 = 6

2 * 4 = 8

2 * 5 = 10

2 * 6 = 12

2 * 7 = 14

2 * 8 = 16

2 * 9 = 18

3 * 1 = 3

3 * 2 = 6

3 * 3 = 9

3 * 4 = 12

3 * 5 = 15

3 * 6 = 18

3 * 7 = 21

3 * 8 = 24

3 * 9 = 27

4 * 1 = 4

4 * 2 = 8

4 * 3 = 12

4 * 4 = 16

4 * 5 = 20

4 * 6 = 24

4 * 7 = 28

4 * 8 = 32

4 * 9 = 36

5 * 1 = 5

```
5 * 2 = 10

5 * 3 = 15

5 * 4 = 20

5 * 5 = 25

5 * 6 = 30

5 * 7 = 35

5 * 8 = 40

5 * 9 = 45


6 * 1 = 6

6 * 2 = 12

6 * 3 = 18

6 * 4 = 24

6 * 5 = 30

6 * 6 = 36

6 * 7 = 42

6 * 8 = 48

6 * 9 = 54


7 * 1 = 7

7 * 2 = 14

7 * 3 = 21

7 * 4 = 28

7 * 5 = 35

7 * 6 = 42
```

7 * 7 = 49

7 * 8 = 56

7 * 9 = 63

8 * 1 = 8

8 * 2 = 16

8 * 3 = 24

8 * 4 = 32

8 * 5 = 40

8 * 6 = 48

8 * 7 = 56

8 * 8 = 64

8 * 9 = 72

9 * 1 = 9

9 * 2 = 18

9 * 3 = 27

9 * 4 = 36

9 * 5 = 45

9 * 6 = 54

9 * 7 = 63

9 * 8 = 72

9 * 9 = 81

以下的習題，均需畫流程圖

❶ 寫一程式，輸入 10 個數字，求其最小值。

❷ 寫一程式，輸入 N 個數字，求其最小值。

❸ 寫一程式，輸入 10 個數字，列出其中所有大於 12 的數字。

❹ 寫一程式，輸入 10 個數字，列出其中所有大於 12 的數字的總和。

❺ 寫一程式，輸入 N 個數字，求其所有奇數中的最大值。例如輸入 11, 12, 3, 24, 15 五個數字，答案是 15。

❻ 寫一程式，輸入 N 個數字，求其所有正數之平方的加總。例如輸入 1, -2, 3, -4, 5 五個數字，1 的平方是 1，3 的平方是 9，5 的平方是 25，加總為 1+9+25=35。

❼ 寫一程式，輸入 N 個數字，其中有些是負數，將這些負數轉換成正數，例如 -7 會被轉換成 7。

4
Chapter

有 while 迴圈指令的程式

有很多的程式，雖然可以用 for 指令來寫，但是比較不方便，在這一章，我們要介紹 while 指令，有些程式，用 while 指令來寫，會比較容易。

while 指令和 for 指令一樣，都是用來寫有迴圈的程式的。任何一個迴圈，都要有終止的條件。在 for 指令中，大多數情形，我們都用迴圈執行的次數來做終止條件，有了 while 指令，我們可以有比較奇怪的終止條件，比方說，我們可以用是否來做為終止條件。

例題 4.1　讀入一連串的數字，但事先不知道數字的數目

我們要讀入一連串的數字，每次讀入，就立刻列印。如果我們事先知道數字的數目是 N，終止條件就是輸入數字的數目大於 N，我們可以用 for 指令來寫程式，但我們現在不知道 N，我們可以規定輸入的最後數字以後，一定要再輸入一個特殊的數字。如此，一旦程式讀到了這個特殊的數字，就終止了。假如我們讀入的數字全是正數，我們可以將此特殊數字定成一個負數，讀到負數，就可終止。

流程如圖 4.1 示：

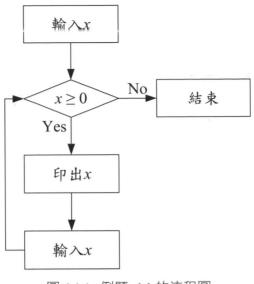

圖 4.1 ► 例題 4.1 的流程圖

以下是程式：

x = int(input("Please input the value of variable x :"))

while(x >= 0):
    print("x = ", x)
    x = int(input("Please input the value of variable x :"))

以下是程式執行的結果：

Please input the value of variable x :2

x = 2

Please input the value of variable x :3

x = 3

Please input the value of variable x :4

x = 4

Please input the value of variable x :5

x = 5

Please input the value of variable x :-1

例題4.2　最大公約數

如果求最大公約數，也可以利用 while 指令，流程圖將如圖 4.2 所示：

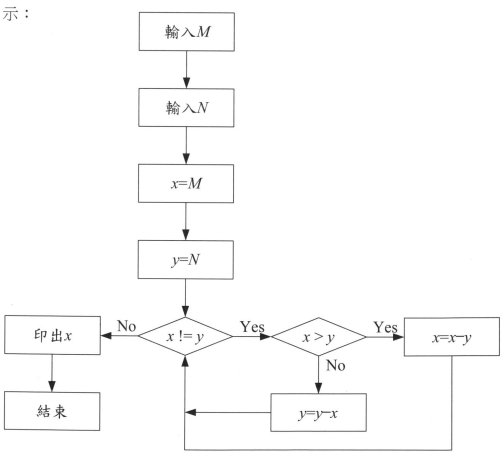

圖 4.2 ▶ 例題 4.2 的流程圖(求最大公約數)

以下是程式：


```python
M = int(input("Please input the value of variable M :"))
N = int(input("Please input the value of variable N :"))


x = M
y = N


while(x != y):
        if(x > y):
                x = x - y
        else:
                y = y - x


print("x = ", x)
```

以下是程式執行的結果：

Please input the value of variable M :5

Please input the value of variable N :7

x = 1

Please input the value of variable M :7

Please input the value of variable N :35

x = 7

Please input the value of variable M :242

Please input the value of variable N :124

x = 2

Please input the value of variable M :242

Please input the value of variable N :121

x = 121

例題 4.3   算 N 個數的和

　　現在我們要用 while 來計算 N 個數字的和。流程圖如圖 4.3 所示。
這次我們去檢查 i 有沒有超過 N，超過就不做了。

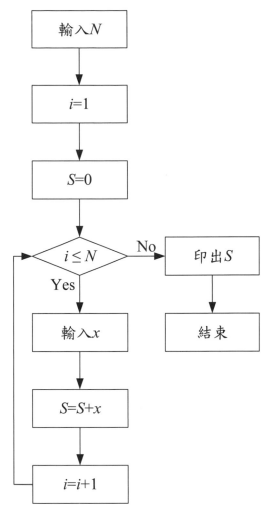

圖 4.3 ▶ 例題 4.3 的流程圖(求 N 個數字的和)

以下是程式：

N = int(input("Please input the value of variable N :"))

i = 1

S = 0

```
while(i <= N):
        x = int(input("Please input the value of variable x :"))
        S = S + x
        i = i + 1

print("S = ", S)
```

以下是程式執行的結果：

```
Please input the value of variable N :10
Please input the value of variable x :1
Please input the value of variable x :2
Please input the value of variable x :3
Please input the value of variable x :4
Please input the value of variable x :5
Please input the value of variable x :6
Please input the value of variable x :7
Please input the value of variable x :8
Please input the value of variable x :9
Please input the value of variable x :10
S =  55
```

習題

以下程式，均需畫流程圖。

❶ 利用 while 寫一程式求 N 個數字的最大值。

❷ 利用 while 寫一程式求一個等差級數數字的和，一共有 N 個數字，程式應該先輸入最小的起始值以及數字間的差。

❸ 利用 while 寫一程式，讀入 N 個數字，然後找出所有小於 13 的數字。再求這些數字的和。

❹ 利用 while 寫一程式，讀入 N 個數字，找到第一個大於 7 而小於 10 的數字，就停止，而且列印出這個數字。

❺ 利用 while 寫一程式，讀入 a_1，a_2，$\cdots$，a_5 和 b_1，b_2，$\cdots$，b_5。找到第一個 $a_i > b_i$，即停止，並列印出 a_1 及 b_i。

5

Chapter

陣列

一維陣列

在過去的章節內，我們的做法是每次讀入一個資料，就立刻處理這筆資料，這當然是不切實際的，我們應輸入至記憶體內去，以便以後去拿。將資料放入記憶體，有很多種做法，最普通的辦法是將資料儲存在一個陣列內。

最簡單的陣列是一維陣列，如圖 5.1 所示：

陣列 A:

0	1	2	3	4	5	6	7	8	9	10

圖 5.1 ▶ 一維陣列

一個陣列必定有一個名字，假設我們的陣列名字是 A，則每一個單位都用 $A[i]$ 來表示。請注意一維陣列的單位編號由 0 開始的。也就是說，第一個單位是 $A[0]$，第二個單位才是 $A[1]$ 等等。如果將新資料存入一個一維陣列，小心，第一個資料是放在 $A[0]$，第二個資料才放在 $A[1]$，第 i 個資料放在 $A[i-1]$。

以圖 5.1 的一維陣列為例，假設我們將 10 個數字放入，一維陣列內的資料可能如圖 5.2 所示。

0	1	2	3	4	5	6	7	8	9	10
5	7	1	6	3	10	4	8	2	9	

圖 5.2 ▶ 一個一維陣列的例子

這時，$A[1]=7, A[6]=4, A[9]=9$。

例題 5.1 利用一維陣列求 10 個數字的計算平均值

我們過去也曾計算一組數字的平均值，現在要用陣列，要做的無非是將數字讀入以後，立刻存到陣列之中。所以我們的流程圖，只要加入一小段就可以了。

假設我們要計算 10 個整數的平均值，流程圖如下：

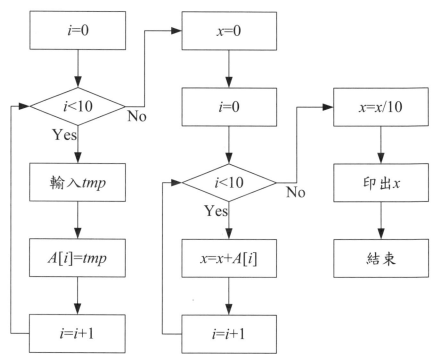

圖 5.3 ▶ 例題 5.1 的流程圖(求一個陣列中 10 個數字的平均數)

以下是程式：

```
A = [0 for i in range(10)]
for i in range(10):
      tmp = int(input("Please input the value: "))
      A[i]=tmp
x = 0
for i in range(10):
      x = x + A[i]
x = x / 10
print("x=", x)
```

以上的程式中有以下的指令：

```
A = [0 for i in range(10)]
```

以上的指令是使 A[0]=A[1]=...=A[9]=0。

以下是程式執行的例子：

```
Please input the value: 10
Please input the value: 20
Please input the value: 30
Please input the value: 40
Please input the value: 50
Please input the value: 60
Please input the value: 70
```

Please input the value: 80

Please input the value: 90

Please input the value: 100

x= 55.0

例題 5.2　利用一維陣列求 10 個數字的最大值

假設我們要計算 10 個數字的最大值，我們也可以將這 10 個數字先輸入到一個陣列中，然後再求他們的最大值。圖 5.4 是流程圖。

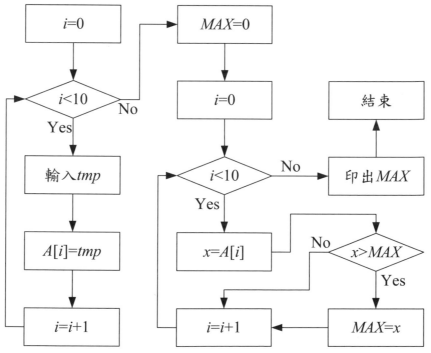

圖 5.4 ▶ 例題 5.2 的流程圖(求一個陣列中 10 個數字的最大)

以下是程式：

```
A = [0 for i in range(10)]
for i in range(10):
    tmp = int(input("Please input the value: "))
    A[i]=tmp
MAX = 0
for i in range(10):
    x = A[i]
    if x > MAX:
        MAX = x

print("MAX=", MAX)
```

以下是程式執行的結果：

```
Please input the value: 5
Please input the value: 91
Please input the value: 24
Please input the value: 73
Please input the value: 64
Please input the value: 82
Please input the value: 11
Please input the value: 43
Please input the value: 99
```

Please input the value: 20

MAX= 99

例題 5.3　搜尋問題

　　所謂搜尋問題，是輸入 10 個數字至 A[ ]。輸入 x，判斷 x 是否存在於 A 陣列中，如存在，輸出存在的地址，如不存在，則告知不存在。

　　這個程式的流程圖在圖 5.5 內。

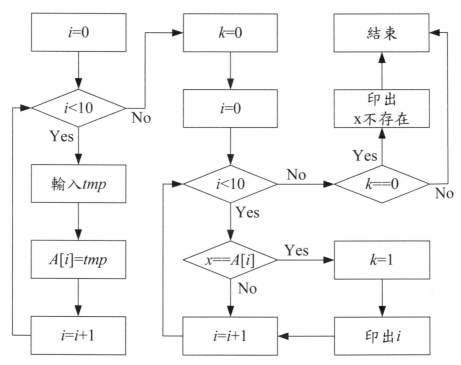

圖 5.5 ▶ 例題 5.3 的流程圖(搜尋問題)

以下是程式：

```
A = [0 for i in range(10)]
for i in range(10):
    tmp = int(input("Please input the value: "))
    A[i] = tmp
x = int(input("Please input the value you want to search: "))
k = 0
for i in range(10):
    if x == A[i]:
        k = 1
        print ("index = ", i)
if k == 0:
    print (x , " does not exist")
```

以下是程式執行的結果：

Please input the value: 9

Please input the value: 589

Please input the value: 62

Please input the value: 71

Please input the value: 34

Please input the value: 33

Please input the value: 29

Please input the value: 9

Please input the value: 64

Please input the value: 31

Please input the value you want to search: 9

index = 0

index = 7

Please input the value: 4

Please input the value: 16

Please input the value: 34

Please input the value: 2

Please input the value: 85

Please input the value: 163

Please input the value: 22

Please input the value: 98

Please input the value: 403

Please input the value: 330

Please input the value you want to search: 72

72 does not exist

二維陣列

以下是一個 2x3 二維陣列的例子：

6	4
2	7
5	10

兩個二維矩陣相加之結果

這個例題是以陣列模擬矩陣，求兩個 2 乘 3 的二維矩陣相加之結果，第一個及第二個矩陣分別以 A 及 B 表示，相加之結果存入 C 矩陣，最後將 C 矩陣內容顯示出來。

以下是這個程式的流程圖：

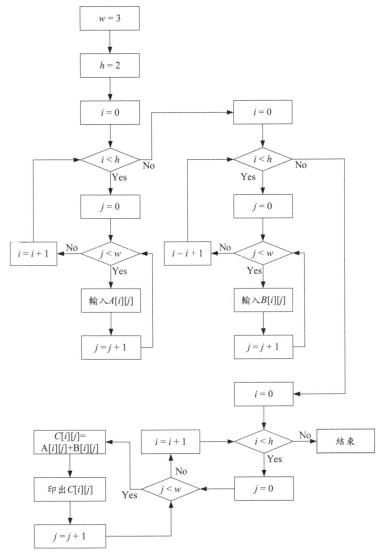

圖 5.6 ▶ 例題 5.4 的流程圖

以下是程式：

```
w = 3
h = 2
#宣告 A 是一個 h×w = 2×3 的陣列
A = [[0 for i in range(w)] for j in range(h)]
print("請輸入矩陣 A 的值...")
for i in range(h):
    for j in range(w):
        print("請輸入 A[",i,"][",j,"] 的值：", end=" ")
        A[i][j] = int(input())
#宣告 B 是一個 h×w = 2×3 的陣列
B = [[0 for i in range(w)] for j in range(h)]
print("請輸入矩陣 B 的值...")
for i in range(h):
    for j in range(w):
        print("請輸入 B[",i,"][",j,"] 的值：", end=" ")
        B[i][j] = int(input())
print("矩陣 A、B 相加結果儲存於矩陣 C 中：")
#宣告 C 是一個 h×w = 2×3 的陣列
C = [[0 for i in range(w)] for j in range(h)]
for i in range(h):
```

註：以上的指令中用了 end=" "，意思是說這一個 print 指令執行以後，不要換行，也就是說列印了「請輸入 A[",i,"][",j,"] 的值：」以後，不要換行而直接執行下一行輸入 A[i][j] 的指令，A[i][j] 的值會直接出現在這一行的最後，出現以後才會換行。

```
for j in range(w):
    #計算 A[i][j]+B[i][j]，將結果存入 C[i][j] 並印出
    C[i][j] = A[i][j] + B[i][j]
    print("C[",i,"][",j,"] = ", C[i][j] )
```

以下是程式執行的結果：

請輸入矩陣 A 的值...

請輸入 A[0][0] 的值：1

請輸入 A[0][1] 的值：2

請輸入 A[0][2] 的值：3

請輸入 A[1][0] 的值：4

請輸入 A[1][1] 的值：5

請輸入 A[1][2] 的值：6

請輸入矩陣 B 的值...

請輸入 B[0][0] 的值：11

請輸入 B[0][1] 的值：12

請輸入 B[0][2] 的值：13

請輸入 B[1][0] 的值：14

請輸入 B[1][1] 的值：15

請輸入 B[1][2] 的值：16

矩陣 A、B 相加結果儲存於矩陣 C 中：

C[0][0] = 12

C[0][1] = 14

C[0][2] = 16

C[1][0] = 18

C[1][1] = 20

C[1][2] = 22

例題 5.5　兩個矩陣相乘之結果

這個例題是以陣列模擬矩陣，求 2 乘 3 的 A 矩陣乘以 3 乘 1 的 B 矩陣，結果存入 2 乘 1 的 C 矩陣，最後將 C 矩陣內容顯示出來。

以下是這個程式的流程圖：

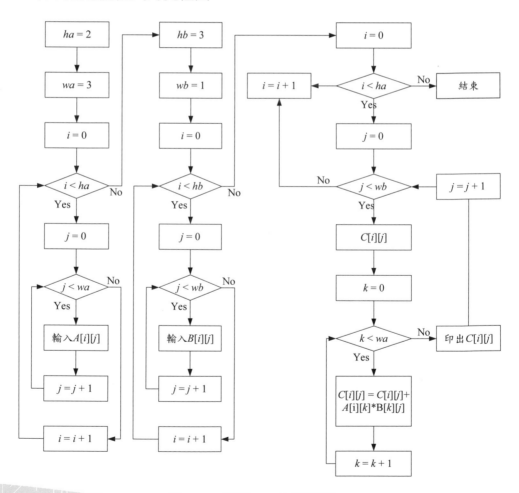

圖 5.7 ▶ 例題 5.5 的流程圖

以下是程式：

```python
#ha、wa 代表陣列 A 的行列的數目
ha = 2
wa = 3
#宣告 A 是一個 ha×wa = 2×3 的陣列
A = [[0 for i in range(wa)] for j in range(ha)]
print("請輸入矩陣 A 的值...")
for i in range(ha):
    for j in range(wa):
        print("請輸入 A[",i,"][",j,"] 的值：", end=" ")
        A[i][j] = int(input())
#hb、wb 代表陣列 B 的行列的數目
hb = 3
wb = 1
#宣告 B 是一個 hb×wb = 3×1 的陣列
B = [[0 for i in range(wb)] for j in range(hb)]
print("請輸入矩陣 B 的值...")
for i in range(hb):
    for j in range(wb):
        print("請輸入 B[",i,"][",j,"] 的值：", end=" ")
        B[i][j] = int(input())
print("矩陣 A、B 相乘結果儲存於矩陣 C 中：")
#宣告 C 是一個 ha×wb = 2×1 的陣列
```

```
C = [[0 for i in range(wb)] for j in range(ha)]
for i in range(ha):
    for j in range(wb):
        C[i][j] = 0
        for k in range(wa):
            #將 A[i][k]*B[k][j] 的結果累加入 C[i][j]
            C[i][j] = C[i][j]+A[i][k]*B[k][j]
        #最後印出 C[i][j]
        print("C[",i,"][",j,"] = ", C[i][j] )
```

以下是程式執行的結果：

請輸入矩陣 A 的值...

請輸入 A[0][0] 的值： 1

請輸入 A[0][1] 的值： 2

請輸入 A[0][2] 的值： 3

請輸入 A[1][0] 的值： 4

請輸入 A[1][1] 的值： 5

請輸入 A[1][2] 的值： 6

請輸入矩陣 B 的值...

請輸入 B[0][0] 的值： 7

請輸入 B[1][0] 的值： 8

請輸入 B[2][0] 的值： 9

矩陣 A、B 相乘結果儲存於矩陣 C 中：

C[0][0] = 50

C[1][0] = 122

以下的程式均需有流程圖.

❶ 寫一程式，將 10 個數字讀入 A 陣列。然後逐一檢查此陣列，如 $A[i]>5$，則令 $A[i]=A[i]-5$，否則，$A[i]=A[i]+5$。

❷ 寫一程式，將 10 個數字讀入 A 陣列。對每一數字，令 $A[i]=A[i]+i$。

❸ 寫一程式，將 10 個數字讀入 A 陣列，並建立一個 B 陣列，如 $A[i]≥0$，令 $B[i]=1$，否則，令 $B[i]=0.$

❹ 寫一程式，將 15 數字存入 3×5 的二維陣列 A 中。求每一行及每一列數字的和。

❺ 寫一程式，將 15 數字存入 3×5 的二維陣列 A 中。求每一行及每一列數字的最小值。

❻ 寫一程式，輸入兩組數字：a_1，a_2，$\cdots$，a_5 和 b_1，b_2，$\cdots$，b_5。求 a_i+b_i，$i=1$ 到 $i=5$。

❼ 寫一程式，輸入兩組數字：a_1，a_2，$\cdots$，a_5 和 b_1，b_2，$\cdots$，b_5。令 x 為 a 中的最大值，令 y 為 b 中的最大值，求 x 與 y 中較小者。

6

Chapter

副程式

我們寫程式，有時會長達一萬個指令，對於稍為長一點的程式，我們可以用副程式的方法。假設有父母要孩子從宜蘭到屏東墾丁去玩，其中包含兩個步驟：(1)從宜蘭到台北火車站，(2)從左營到墾丁。每一步驟都很複雜，最好的辦法是將每個步驟都寫在紙上，孩子根據這兩張紙，就可以到墾丁了。

副程式無非就是將一組指令放在一齊，成為一個副程式，主程式只要呼叫這些副程式就可以了。

例題 6.1　兩個一維陣列相加

這個程式要做以下的事：

(1) 將一組數字讀入 A 陣列。
(2) 將一組數字讀入 B 陣列。
(3) 將 A 陣列和 B 陣列加起來，成為 C 陣列，列印 C 陣列。

我們需要三個副程式：

(1) 將數字讀入一個陣列的副程式。
(2) 將兩個陣列相加的副程式。
(3) 列印一個陣列的副程式。

以下是將數字讀入一個陣列的副程式：

```
def input_array(x, n):
    print("--- 開始讀取陣列 ---")
    i = 0
    while i < n:
        input_number = int(input("輸入數字:"))
        x[i]=input_number
        i = i + 1
```

在副程式的開始，我們要有一個 def(define) 的指令。

每一個副程式都要有一個名字，以上副程式的名字是 input_array。

副程式通常會要有參數，input_array 有兩個輸入參數，x 和 n。x 表示一個陣列，n 是要讀入數字的個數。假設我們要將 5 個數字放入 A 陣列，那麼當我們呼叫 input_array 時，我們必需用以下的指令：

input_array(A,5)

如果事先 n 的值已經固定，我們就用以下的指令：

input_array(A,n)

以下是將兩個陣列相加的副程式：

這個副程式有 4 個輸入參數，x、y、z 和 n，前三個都是陣列。

```
def add_array(x, y, z, n):
    print("--- 開始相加陣列 ---")
    i = 0
    while i < n:
        z[i]=x[i]+y[i]
        i = i + 1
```

以下是列印陣列的副程式：

```
def print_array(x, name, n):
    print("--- 開始印出陣列 ---")
    i = 0
    while i < n:
        print(name, "[", i, "] = ", x[i], " ")
        i = i + 1
```

以下是主程式，主程式呼叫副程式，也非常容易懂。

```
num = int(input("請輸入陣列的大小:"))
A = [0 for i in range(num)]
B = [0 for i in range(num)]
C = [0 for i in range(num)]
input_array(A, num)
input_array(B, num)
add_array(A,B,C,num)
```

```python
print_array(A, "A",num)
print_array(B, "B",num)
print_array(C, "C",num)
```

整個程式如下：

```python
def input_array(x, n):
    print("--- 開始讀取陣列 ---")
    i = 0
    while i < n:
        input_number = int(input("輸入數字:"))
        x[i]=input_number
        i = i + 1
def add_array(x, y, z, n):
    print("--- 開始相加陣列 ---")
    i = 0
    while i < n:
        z[i]=x[i]+y[i]
        i = i + 1
def print_array(x, name, n):
    print("--- 開始印出陣列 ---")
    i = 0
    while i < n:
        print(name, "[", i, "] = ", x[i], " ")
        i = i + 1
```

```
num = int(input("請輸入陣列的大小:"))
A = [0 for i in range(num)]
B = [0 for i in range(num)]
C = [0 for i in range(num)]
input_array(A, num)
input_array(B, num)
add_array(A,B,C,num)
print_array(A, "A",num)
print_array(B, "B",num)
print_array(C, "C",num)
```

以下是程式執行的結果：

```
請輸入陣列的大小:5
--- 開始讀取陣列 ---
輸入數字:3
輸入數字:7
輸入數字:85
輸入數字:62
輸入數字:11
--- 開始讀取陣列 ---
輸入數字:43
輸入數字:53
輸入數字:9
輸入數字:2
```

輸入數字:60

--- 開始相加陣列 ---

--- 開始印出陣列 ---

A [0] = 3

A [1] = 7

A [2] = 85

A [3] = 62

A [4] = 11

--- 開始印出陣列 ---

B [0] = 43

B [1] = 53

B [2] = 9

B [3] = 2

B [4] = 60

--- 開始印出陣列 ---

C [0] = 46

C [1] = 60

C [2] = 94

C [3] = 64

C [4] = 71

請輸入陣列的大小:3

--- 開始讀取陣列 ---

輸入數字:61

輸入數字:37

輸入數字:22

--- 開始讀取陣列 ---

輸入數字:-89

輸入數字:-37

輸入數字:-23

--- 開始相加陣列 ---

--- 開始印出陣列 ---

A [0] = 61

A [1] = 37

A [2] = 22

--- 開始印出陣列 ---

B [0] = -89

B [1] = -37

B [2] = -23

--- 開始印出陣列 ---

C [0] = -28

C [1] = 0

C [2] = -1

例題 6.2　求陣列中最大之數

　　這個程式要將 5 個數字讀入一個陣列，然後我們要求陣列中的最大數。因此我們需要兩個副程式：

(1) 將 5 個數字讀入一個陣列的副程式。
(2) 求這個陣列中數字最大值的副程式。

以下是將 5 個數字讀入一個陣列的副程式：

```
def createArray():
    A = [0 for i in range(5)]
    for i in range(5):
        x = int(input("Input number: "))
        A[i]=x
    return A
```

　　以上的程式中，有一個 return，是回傳的意思，也就是說，副程式結束以後，會將結果回傳。以上的程式來說，A 陣列原來裡面全是 0，可是一旦 createArray( )副程式結束以後，A 陣列裡面就有值了。

以下是求這個陣列中數字的最大值的副程式：

```
def getMax(A):
    max = 0
```

```
    for i in range(len(A)):
        if A[i] > max:
            max = A[i]
    return max
```

以下是主程式：

```
array = createArray()
print (getMax(array))
```

以下是全部程式：

```
def createArray():
    A = [0 for i in range(5)]
    for i in range(5):
        x = int(input("Input number: "))
        A[i]=x
    return A
def getMax(A):
    max = 0
    for i in range(len(A)):
        if A[i] > max:
            max = A[i]
    return max
```

```
array = createArray()
print (getMax(array))
```

以下是程式執行的結果：

Input number: 6

Input number: 3

Input number: 2

Input number: 8

Input number: 4

8

Input number: 14

Input number: 67345

Input number: 1543

Input number: 54634

Input number: 1942

67345

Input number: 11

Input number: 66

Input number: 33

Input number: 55

Input number: 22

66

 **例題 6.3** **Array +1**

這個程式要做以下的事：

(1) 讀入 5 個數字, 將這 5 個數字放入一個陣列中。

(2) 對每一個陣列中的數字，都加 1，然後列印出來。

以下是讀入 5 個數字, 將這 5 個數字放入一個陣列中的副程式：

```python
def createArray():
    A = [0 for i in range(5)]
    for i in range(5):
        x = int(input("Input number: "))
        A[i]=x
    return A
```

以下是對每一個陣列中的數字，都加 1 的副程式：

```python
def addition(A):
    for i in range(len(A)):
        A[i] = A[i] + 1
```

```
    return A
```

以下是主程式：

```
array = createArray()
print ("After addition:", addition(array))
```

以下是整個程式：

```
def createArray():
    A = [0 for i in range(5)]
    for i in range(5):
        x = int(input("Input number: "))
        A[i]=x
    return A
def addition(A):
    for i in range(len(A)):
        A[i] = A[i] + 1
    return A

array = createArray()
print ("After addition:", addition(array))
```

以下是程式執行的結果：

Input number: 9

Input number: 405

Input number: 6

Input number: 0

Input number: 21

After addition: [10, 406, 7, 1, 22]

Input number: 4

Input number: 5

Input number: 6

Input number: 1

Input number: 2

After addition: [5, 6, 7, 2, 3]

Input number: 39

Input number: 61

Input number: 17

Input number: 43

Input number: 1000

After addition: [40, 62, 18, 44, 1001]

我們已知一個正整數 N，我們要求所有小於 N 的質數。假設 N 是 20，所有小於 20 的質數是 1,2,3,5,7,11,13,17 和 19。假如 N 是 36，則所有小於 36 的質數是 1,2,3,5,7,11,13,17,19,23,29 和 31。

我們需要一個副程式，這個副程式輸入一個正整數 x，然後我們判斷 x 是否是一個質數。這個副程式的流程圖如圖 6.1。

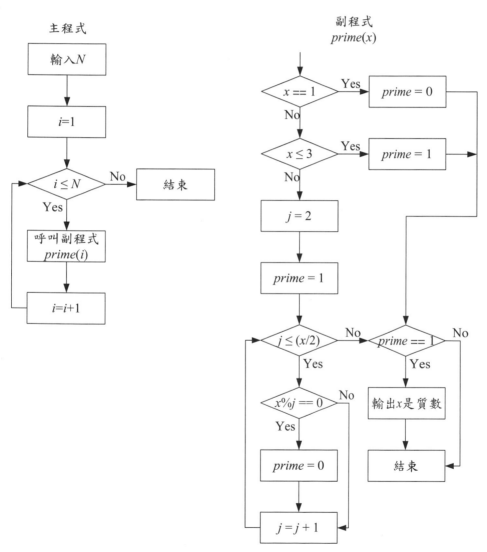

圖 6.1 ▶ 例題 6.4 的流程圖(決定 x 是否為質數)

以下是這個決定 x 是否為質數的副程式：

```python
def prime(x):
    if x == 1:
        prime = 0
    elif x <= 3:
        prime = 1
    else:
        j = 2
        prime = 1
        while j <= (x / 2):
            if (x % j) == 0:
                prime = 0
            j = j + 1
    if prime == 1:
        print(x, "是一個質數")
```

以下是主程式：

```python
N = int(input("請輸入一個正整數 N:"))
i = 1
while i <= N:
    prime(i)
    i = i + 1
```

以下是全部的程式：

```
def prime(x):
    if x == 1:
        prime = 0
    elif x <= 3:
        prime = 1
    else:
        j = 2
        prime = 1
        while j <= (x / 2):
            if (x % j) == 0:
                prime = 0
            j = j + 1
    if prime == 1:
        print(x, "是一個質數")

N = int(input("請輸入一個正整數 N:"))
i = 1
while i <= N:
    prime(i)
    i = i + 1
```

以下是程式執行的結果：

請輸入一個正整數 N:16

2 是一個質數

3 是一個質數

5 是一個質數

7 是一個質數

11 是一個質數

13 是一個質數

請輸入一個正整數 N:23

2 是一個質數

3 是一個質數

5 是一個質數

7 是一個質數

11 是一個質數

13 是一個質數

17 是一個質數

19 是一個質數

23 是一個質數

請輸入一個正整數 N:9

2 是一個質數

3 是一個質數

5 是一個質數

7 是一個質數

求出各科平均分數及總平均分數

我們有 m 個學生，每一個學生有 n 門課，我們的任務是對每一門請，求這門課的平均分數，然後求 m 個學生的平均分數。

以下的副程式是求第(i+1)門課所有學生的平均分數，Array 是一個 (m,n) 的二維陣列，如圖 6.2 所示

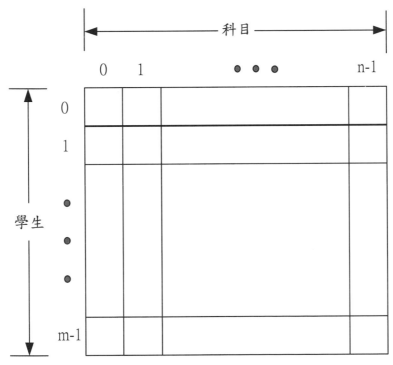

圖 6.2 ▶ 例題 6.5 的 A Array

以下是求第 i 科成績的副程式：

```python
def subjectAverage(i, m, Array):
    sum = 0
    for j in range(m):
        sum = sum + Array[j][i]
    sum = sum / m
    print("第", i + 1, "科平均為:", sum)
    return sum
```

以下的副程式是求所有學生的各科平均分數，請注意，這個副程式內呼叫了副程式 getAverage(m, n, Array)。因此我們知道，副程式是可以呼叫另一副程式的：

```python
def getAverage(m, n, Array):
    sum = 0
    for i in range(n):
        sum = sum + subjectAverage(i, m, Array)
    sum = sum / n
    print("總平均: ", sum)
```

以下的副程式輸入某一位學生的 n 科成績：

```python
def inputArray(n):
    B = [0 for i in range(n)]
```

```
for i in range(n):
    print("輸入第", i + 1, "科:")
    x = int(input())
    B[i]=x
return B
```

以下的副程式輸入所有 m 位學生的 n 科成績。請注意，這個副程式內呼叫了副程式 readArray(n)：

```
def input2DArray(m, n):
    A = [[0 for i in range(n)] for j in range(m)]
    for i in range(m):
        print("-- 請輸入第", i + 1, "位學生的成績 --")
        B = inputArray(n)
        A[i] = B
    return A
```

以下是主程式：

```
m = int(input("請輸入學生人數:"))
n = int(input("請輸入科目數:"))
Array = read2DArray(m, n)
getAverage(m, n, Array)
```

整個程式如下：

```python
def subjectAverage(i, m, Array):
    sum = 0
    for j in range(m):
        sum = sum + Array[j][i]
    sum = sum / m
    print("第", i + 1, "科平均為:", sum)
    return sum
def getAverage(m, n, Array):
    sum = 0
    for i in range(n):
        sum = sum + subjectAverage(i, m, Array)
    sum = sum / n
    print("總平均: ", sum)
def inputArray(n):
    B = [0 for i in range(n)]
    for i in range(n):
        print("輸入第", i + 1, "科:")
        x = int(input())
        B[i]=x
    return B
def input2DArray(m, n):
    A = [[0 for i in range(n)] for j in range(m)]
    for i in range(m):
```

```
    print("-- 請輸入第", i + 1, "位學生的成績 --")
    B = inputArray(n)
    A[i] = B
  return A


m = int(input("請輸入學生人數:"))
n = int(input("請輸入科目數:"))
Array = input2DArray(m, n)
getAverage(m, n, Array)
```

以下是程式執行的結果：

請輸入學生人數:2
請輸入科目數:2
-- 請輸入第 1 位學生的成績 --
輸入第 1 科:
55
輸入第 2 科:
90
-- 請輸入第 2 位學生的成績 --
輸入第 1 科:
22
輸入第 2 科:
98
第 1 科平均為: 38.5

第 2 科平均為: 94.0

總平均: 66.25

請輸入學生人數:3

請輸入科目數:4

-- 請輸入第 1 位學生的成績 --

輸入第 1 科:

51

輸入第 2 科:

63

輸入第 3 科:

70

輸入第 4 科:

20

-- 請輸入第 2 位學生的成績 --

輸入第 1 科:

43

輸入第 2 科:

66

輸入第 3 科:

80

輸入第 4 科:

45

-- 請輸入第 3 位學生的成績 --

輸入第 1 科:

38

輸入第 2 科:

95

輸入第 3 科:

76

輸入第 4 科:

52

第 1 科平均為: 44.0

第 2 科平均為: 74.66666666666667

第 3 科平均為: 75.33333333333333

第 4 科平均為: 39.0

總平均: 58.25

例題 6.6　判斷日期先後順序

　　輸入日期 A 與日期 B，若日期 A 在 B 之前，輸出「日期 A 在日期 B 之前」；若日期 A 在日期 B 之後，輸出「日期 A 在日期 B 之後」；若日期 A 與日期 B 相同，則輸出「日期 A 與日期 B 相同」。

以下是流程圖：

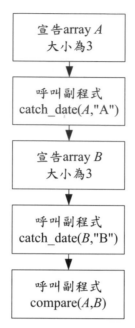

圖 6.3 ▶ 例題 6.6 主程式的流程圖

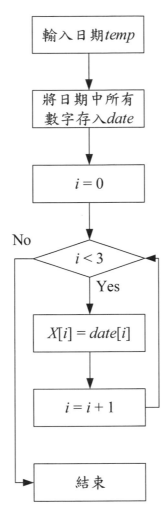

副程式
catch_date(X,name)

輸入日期*temp*

將日期中所有
數字存入*date*

$i = 0$

No

$i < 3$

Yes

$X[i] = date[i]$

$i = i + 1$

結束

圖 6.4 ▶ 例題 6.6 副程式 catch-date 的流程圖

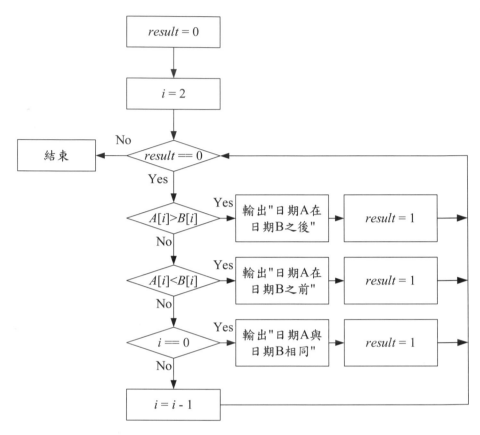

圖 6.5 ▶ 例題 6.6 副程式 compare 的流程圖

　　我們輸入的日期有三項，日，月和年，因此我們需要一個副程式將三者分開，放入一個 X 陣列。我們可以用以下的指令：

date = temp.split("/")

我們所輸入的資料中間有兩個 / 符號，所謂 split 就是將輸入的 temp 分成三部分，比方說，輸入的 temp = 15/6/1998。split 的結果會形成一個陣列 date：

date[0] = 15

date[1] = 6

date[2] = 1998

也就是說，我們的日期是 1998 年 6 月 15 日。

以下是將輸入分開的副程式：

```python
def catch_date(X, day):
    print("請輸入日期", day, "(日/月/年)：", end = " ")
    temp = input()
    date = temp.split("/")
    for i in range(3):
        X[i] = int(date[i])
```

以下是比較日期先後的副程式：

```python
def compare(A,B):
    result = 0
    i = 2
    while result == 0:
        if A[i] > B[i]:
            print("日期 A 在日期 B 之後")
            result = 1
        elif A[i] < B[i]:
```

```
            print("日期 A 在日期 B 之前")

            result = 1

        elif i == 0:

            print("日期 A 與日期 B 相同")

            result = 1

        else:

            i = i - 1
```

以下是全部程式：

```
def catch_date(X, day):

    print("請輸入日期", day, "(日/月/年)：", end = " ")

    temp = input()

    date = temp.split("/")

    for i in range(3):

        X[i] = int(date[i])


def compare(A,B):

    result = 0

    i = 2

    while result == 0:

        if A[i] > B[i]:

            print("日期 A 在日期 B 之後")

            result = 1

        elif A[i] < B[i]:
```

```
        print("日期 A 在日期 B 之前")
        result = 1
    elif i == 0:
        print("日期 A 與日期 B 相同")
        result = 1
    else:
        i = i - 1


A = [0 for i in range(3)];
catch_date(A, "A")
B = [0 for i in range(3)];
catch_date(B, "B")
compare(A,B)
```

以下是程式執行的結果：

請輸入日期 A (日/月/年)： 07/02/2017
請輸入日期 B (日/月/年)： 21/09/1999
日期 A 在日期 B 之後

請輸入日期 A (日/月/年)： 20/05/2016
請輸入日期 B (日/月/年)： 01/01/2017
日期 A 在日期 B 之前

請輸入日期 A (日/月/年)： 08/08/2016

請輸入日期 B (日/月/年)： 08/08/2016
日期 A 與日期 B 相同

例題 6.7　輸出＊三角形

我們要讓使用者畫出以下的＊三角形：

＊
＊＊
＊＊＊
＊＊＊＊
＊＊＊＊＊

一旦使用者按 "x" 鍵，程式就要停止，如果按其他任何鍵，程式就會印出另一行星星，但最多也只能印 7 行。程式開始時，應該列出以下的提示：

Enter x to quit, or any other key to continue:

我們需要一個畫出＊三角形的副程式，這個副程式的流程圖如圖 6.6。

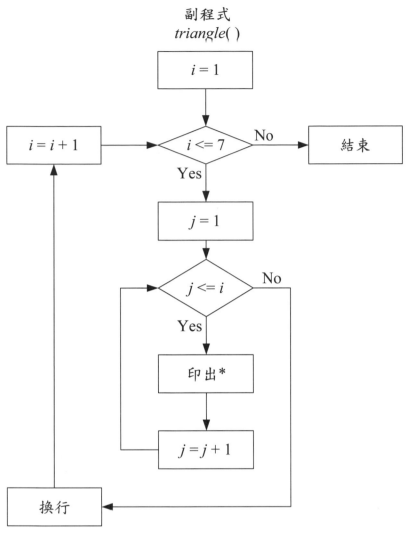

副程式
triangle( )

図 6.6 ▶ 例題 6.7 副程式的流程圖

這個副程式如下：

```
def triangle():
    for i in range(7):
        for j in range(i):
            print(" * ", end = "")
```

```
        print("")
```

以上程式中，有一指令：

```
print(" * ", end = "")
```

這個指令，和普通 print( )的指令，不同之點，在於後面加了一個參數
end = ""，有了這個參數以後，print( )指令就不會自動換行，會在同一行
印。

以上的程式，還有一個指令：

```
print("")
```

這是因為前面的 print 指令不會自動換行，print("")等於使原來的 print
指令在結束的時候自動換行。

主程式如下：

```
triangle()
ch = input("Enter x to quit, or any other key to continue: ")
while ch != "x":
    triangle()
    ch = input("Enter x to quit, or any other key to continue: ")
```

以上的程式中用了 !=，!= 是不等於的意思。

全部程式如下：

```
def triangle():
    for i in range(7):
        for j in range(i):
            print("＊", end = "")
        print("")


triangle()
ch = input("Enter x to quit, or any other key to continue: ")
while ch != "x":
    triangle()
    ch = input("Enter x to quit, or any other key to continue: ")
```

例題 6.8 密文解碼

　　我們為了保密，可以將原文加密。加密的方法有很多種，最簡單的英文加密方法是將每一個字母做移位。假設文字只考慮 26 個大寫的英文字母，且移位規則如下：

原來字母	A	B	C	⋯	X	Y	Z
轉換後字母	D	E	F		A	B	C

英文小寫字母的移位也依照以上的規則。

各位可以看出，加密後的文字是可以還原的。還原的動作叫做解密。假設我們加密後的文字是 DSSOH 和 CRR，解密後的文字是 APPLE 和 ZOO。

程式的流程圖在圖 6.7 內。

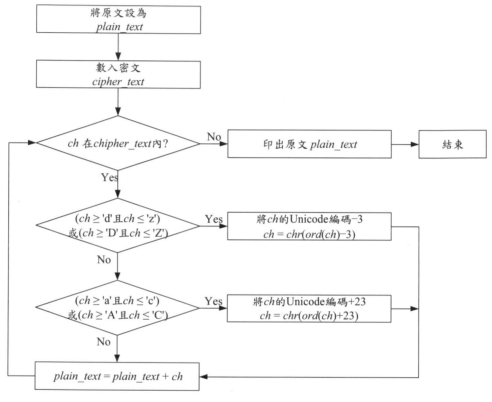

圖 6.7 ▶ 例題 6.8 的流程圖

要解決這個問題，我們要知道，每個英文字母都有一個編碼，假設有一個英文字母 ch，這個字 ch 的編碼就是 ord(ch)。反過來，如果已知某一個編碼 x，則這個編碼所對應的英文字母是 chr(x)。有了這兩個函數，我們就可以瞭解以下的主程式了。

全部程式如下：

```
plain_text = ""
cipher_text = input("請輸入密文: ")

for ch in cipher_text:
    if (ch >= "d" and ch <= "z") or (ch >= "D" and ch <= "Z"):
        ch = chr(ord(ch) - 3)
    elif (ch >= "a" and ch <= "c") or (ch >= "A" and ch <= "C"):
        ch = chr(ord(ch) + 23)
    plain_text = plain_text + ch

print("原文為: " + plain_text)
```

以上程式中，有以下的指令：

```
for ch in cipher_text:
```

這個指令定義了一個迴圈，只要讀到的 ch 是在 cipher_text 內，就一直執行迴圈內的指令。

```
print("原文為: " + plain_text)
```

以下是程式執行的結果：

請輸入密文: DSSOH

原文為: APPLE

請輸入密文: CRR

原文為: ZOO

請輸入密文: OHH

原文為: LEE

習題

❶ 在主程式中接受使用者輸入梯形之上底、下底與高的值,並呼
叫一副程式,將上底、下底與高的值傳入該副函式後,在副程
式中計算並印出梯形面積的值。

❷ 寫一副程式,接受主程式傳進的陣列與陣列大小,分別計算陣
列上第奇數個元素與第偶數個陣列之平均值並印出。

❸ 在主程式中接受使用者輸入 A、B、C 的值並呼叫一副程式,將
A、B、C 的值傳入副程式中,在副程式中判斷 |A|、|B|、|C| 之
大小順序,回傳絕對值最大者並在主程式中印出 |A|、|B|、|C|
之最大值。

❹ 在主程式中接受使用者輸入首項 a_1、公比 r 與項數 n,呼叫一
副程式並將 a_1、r、n 的值傳入,在副程式中計算等比級數第 n
項的值並回傳,在主程式中印出該值。

❺ 在主程式中接受使用者輸入一個陣列的值,將陣列的值與陣列
大小傳入一副程式中,此副程式將會計算該陣列之中位數並回
傳。主程式在收到此副程式的回傳值之後印出。

7

Chapter

讀取檔案

我們過去要輸入資料，都是要經過鍵盤打字輸入的，如果我們要輸入大量的資料，我們可以先將資料放進一個檔案，這個檔案是存放在磁碟中的，不論電腦關機或關機，這種資料都會存在。過去輸出資料，也是輸出在螢幕上。一旦電腦關機，資料就不見了，因此我們也有必要將資料存放在磁碟內的一個檔案。

　　關於檔案，我們必須注意以下幾點：

　　(1) 要利用在磁碟的檔案資料，我們必須將檔案複製一個到記憶體內，假設我們 的檔案叫做 test.txt，如果要讀取這個檔案，可以用以下的指令:

f = open("test.txt", "r")

　　這個指令會先打開 test.txt 檔案，因為我們只要讀檔，所以用"r"來註明，代表 read 的意思。在打檔案以後，電腦會將檔案讀入電腦的記憶體，在記憶體中，它的名字叫做 f，你也可以將它叫做別的名字。嚴格說來，f 僅僅是一個暫存區，因為電腦一旦關機，f 就消失了。但是為了容易討論起見，我們將 f 稱它是一個暫存檔案。

　　(2) 若使用以上的指令打開檔案，這個檔案要存在和程式同一資料夾中，否則程式不知道檔案在那裡。

　　(3) 如果程式中開啟了一個暫存檔案，在程式結束的地方，就要有 f.close() 的指令。

 **例題 7.1** **讀檔並印出資料的程式**

這個程式讀一個檔案，並將檔案內的資料，一行一行地印出。

以下是這個程式：

```
f = open("test.txt", "r")
for line in f:
    print(line)
f.close()
```

　　假如以上的程式是存放在 A 資料夾中，那麼所要打開的檔案 test.txt 也要在 A 資料夾中，否則這個程式不能執行。

　　以上的程式首先將 test.txt 檔案送到記憶體的暫存檔案 f 內，然後將 f 內的資料，一行一行地印出，我們一定要記住，我們事先不知道檔案的大小。請注意，程式中的最後指令是

```
f.close()
```

以下是程式執行的結果：

```
Hello Dick! How are you?
I will come to see you tomorrow.
Is that OK for you?
```

例題 7.2　讀取檔案求平均值

在這個程式中，我們要讀入一個檔案內的數字，然後求其平均值。

以下是全部程式：

```
sum = 0
Alen = 0

f = open("Adata.txt", "r")
print("Adata.txt:")

for line in f:
    sum = sum + int(line)
    print(int(line))
    Alen = Alen + 1

print("Average: ", str(sum / Alen))
f.close( )
```

以上的程式中，有一個以下的指令：

```
sum = sum + int(line)
```

這是因為檔案是文字檔，用 int(line) 可以使 line 內的資料變成整數。

以下是程式執行的結果：

Adata.txt

11

46

203

99

678

461

Average: 249.66666666666666

![例題 7.3] **相加兩個檔案內的值**

我們要將兩個檔案中的數字加起來，然後再將加起來的結果存入第三個檔案。

以下的副程式是將一個檔案打開，放入記憶體，然後將這檔案內的資料列印出來。

```
def open_and_print_file(filename):
    f = open(filename, "r")
    print(filename)
    for line in f:
        print(int(line))
```

f.close()

以下的副程式是將兩個檔案 x 和 y 內的數字，逐條相加，其結果放入檔案 z，每次相加完成，會將加的結果列印出來。

```
def addfile(x,y,z):
    f1 = open(x, "r")
    f2 = open(y, "r")
    f3 = open(z, "w")
    u = f1.readline()
    v = f2.readline()
    while u and v:
        sum = int(u) + int(v)
        f3.write(str(sum)+ "\n")
        u = f1.readline()
        v = f2.readline()
    f1.close()
    f2.close()
    f3.close()
```

我們可以注意以上的程式中，有以下的指令：

```
    f3 = open(z, "w")
```

這個指令的作用是: 如果有人將資料輸入到 f3，這份資料也會同時輸入到在磁碟中的 z 檔案，因此磁碟中的 z 檔案的內容和 f3 的內容是一樣的。"w"指的是寫入(write)的意思。

我們也要注意以上程式中的以下指令：

u = f1.readline()

這個指令是將 f1 的某一行資料讀出來，令它為 u。所以利用迴圈，我們便可以將資料一行一行的讀出來。

我們還要注意以下的指令：

while u and v

這個指令的意思是: 只要 u 和 v 不是空的，我們就一直執行以下的指令，一旦 u 和 v 是空的，就不再執行 while 迴圈內的指令了。

請注意以下的指令：

f3.write(str(sum)+ "\n")

這個指令是將 sum 以字串方式寫入 f3，麻煩的是寫完以後要跳一行，怎麼辦呢? 我們用"\n"這個玩意兒，Python 一看到"\n"，就會跳一行。但是 Python 語言的 write 指令只准一個參數，因此不允許我們用以下的指令：

```
f3.write(str(sum), "\n")
```

我們所以要用+將 str(sum) 和"\n"聯結起來。

以下是全部的程式：

```
def open_and_print_file(filename):
    f = open(filename, "r")
    print(filename)
    for line in f:
        print(int(line))
    f.close()


def addfile(x,y,z):
    f1 = open(x, "r")
    f2 = open(y, "r")
    f3 = open(z, "w")
    u = f1.readline()
    v = f2.readline()
    while u and v:
        sum = int(u) + int(v)
        f3.write(str(sum)+ "\n")
        u = f1.readline()
        v = f2.readline()
    f1.close()
```

```
f2.close()
f3.close()
```

```
open_and_print_file("Adata.txt")
open_and_print_file("Bdata.txt")
addfile("Adata.txt","Bdata.txt","Cdata.txt")
open_and_print_file("Cdata.txt")
```

主程式最後要執行 openfile("Cdata.txt") ，是要看看 Cdata.txt 的資料是否正確。

以下是程式執行的結果：

Adata.txt
11
46
203
99
678
461
Bdata.txt
11
46
203

99

678

461

Cdata.txt

22

92

406

198

1356

922

總結

我們將本章重要的新指令再解釋一次：

1. 如果你要將在磁碟中的 test.txt 檔案讀入記憶體內的 f 檔案，可
    以用以下的指令：

    f = open("test.txt", "r")

2. 如果你要逐行地讀記憶体中 f1 擋案，可以用以下的指令：

    u = f1.readline()

3. 如果你要將資料寫入在記憶中的 f3 檔案而且換行，可以用以下的指令：

   f3.write(str(sum)+ "\n")

4. 如果你在將資料寫入在記憶體內 f3 檔案時，也同時將資料寫入在磁碟內的 z 檔案，可以用以下的指令：

   f3 = open(z, "w")

5. 如果你要有一個逐行處理在 f 檔案內資料的迴圈，可以用以下的指令：

   for line in f

以下的程式，都要用檔案。也都要列印結果。

❶ 寫一程式，從檔案中讀入 n 及 a_1，a_2，…，a_n。n 和所有的 a_i 都要是正整數。計算出 $a_1{}^2$，$a_2{}^2$，……$a_n{}^2$。再將 a_i，$a_i{}^2$，$i=1$ 到 $i=n$ 寫到另一檔案上去。

❷ 寫一程式，從檔案中讀入 n 及 a_1，a_2，…，a_n。n 和所有的 a_i 都要是正整數。計算出 $b_i=\sqrt{a_i}\times10.$ 然後將 a_i，b_i，$i=1$ 到 $i=n$ 寫入另一檔案。

❸ 寫一程式，從檔案中讀入一個 3×5 的矩陣，求此矩陣的 transpose，然後將此結果寫到另一檔案。

❹ 寫一程式，從一檔案中，讀入一組一元二次方程式 $ax^2+bx+c=0$ 的係數 a，b，$c.$ 其中（b^2-$4ac$）≥0。解此組方程式，並將中間過程及最後答案讀入另一檔案。

❺ 寫一程式，從檔案中讀入 n 及 a_1，a_2，…，a_n，n 和所有的 a_i 都要是正整數。將 a_n，a_{n-1}，…，a_1 寫到另一檔案上去。

Chapter

配置

假設我們要儲存一些學生的課業成績，我們可以用配置 (configuration) 的方法來儲存，事後我們可以分析，搜尋這些資料。

一個配置總要有一個名字，我們不妨叫我們的配置為 studentdata。

studentdata 的資料總要存放在一個檔案內，我們將這個檔案叫做 student_score.txt。

以下是 student_score.txt 的樣子：

[Wayne]

mathscore = 99

chinesescore = 98

engscore = 97

[Billy]

mathscore = 90

chinesescore = 80

engscore = 70

[陳庭偉]

mathscore = 40

chinesescore = 46

engscore = 37

一旦存入了檔案，經過一些處理以後，這個檔案就會變成一個配置，經由配置，事後我們可以很輕鬆地處理這些資料，比方說。我們可以很輕鬆地問：Billy 的 math score 是多少，答案一下子就出來了，我們可以計算學生中文成績的平均數，刪掉某一位學生的資料，或加一筆資料進去以及改變某一筆資料。

當然，我們必須宣告一個配置，因此我們必需要知道很多有關配置的指令，以下是相關指令：

1. 要啟用配置，先要用以下的指令：

import configparser

這個指令呼叫一個 Python 語言的副程式來建造一個配置。

2. 如果你要建造一個叫做 studendata 的配置，可以用以下的指令：

studentdata = configparser.ConfigParser()

你當然也可以給這個配置任何名字。

每一個配置內有很多 section，比方說：

[Wayne]
mathscore = 99
chinesescore = 98

engscore = 97

就是一個 section。另一個 section 是：

[Billy]
mathscore = 90
chinesescore = 80
engscore = 70

3. 每一個 section 有一個標題，如果我們 studentdata 配置的 section 標題是學生名字，而我們要增加一個新的學生，他的名字是 name，我們就用以下的指令：

studentdata.add_section(name)

4. 每一個 section 內必有資料，假設某位學生有數學資料，就可以用以下的指令將數學資料加進去，而這個學生以他的名字 name 來認定：

studentdata.set(name, "mathscore", mathscore)

5. 假設我們要知道 studentdata 內是否已有某位學生的資料，可以用以下的指令：

studentdata.has_section(name)

6.　如果要將在記憶內的配置 studentdata 寫入一個在記憶體內的檔案 f，可以用以下的指令：

studentdata.write(f)

7.　如果我們已經將配置的資料寫入了某一個在磁碟內的 filename 檔案，我們要將這個檔案內的資料讀到記憶體的配置 studentdata，可以用以下的指令：

studentdata.read(filename)

8.　如果要將 studentdata 內所有 section 的內容放入一個叫做 SectionArray 的陣列，可以用以下的指令：

SectionArray = studentdata.sections()

以 studentdata 而言，section 內是名字，所以 SectionArray 內全都是名字。

9.　最後，假如我們要得到某學生的數學成績，可以用以下的指令：

studentdata.get(name, "mathscore")

10.如果我們在磁碟內已有一個符合配置格式的檔案，我們要將這個在磁碟內的配置檔案原封不動地送到記憶體中去，而且要使在記憶體內的檔案也是一個配置，就可以用以下的指令：

Config.read(filename)

例題 8.1　在磁碟內建立一個配置，並輸入並儲存班級學生各科成績

在這個例題中，我們要建立一個有關學生成績的配置，並將資料存入一個檔案，而且要符合配置的規格。

我們需要以下的副程式：

```
def create_studentdata():
    studentdata = configparser.ConfigParser()
    return studentdata
```

以上的副程式建立了一個叫做 studentdata 的配置。第一個指令 studentdata = configparser.ConfigParser()，其作用乃是將 studentdata 定義成一個配置(configuration)，也就是說，studentdata 有固定的形式，而且每一筆資料都有它的特別意義。

以下是另一個副程式：

```
def define_and_add_student(studentdata ,name, mathscore,
```

```
chinesescore,englishscore):
    studentdata.add_section(name)
    studentdata.set(name, "mathscore", mathscore)
    studentdata.set(name, "chinesescore", chinesescore)
    studentdata.set(name, "englishscore", englishscore)
```

以上的副程式有兩個功能：

(1) 給配置 studentdata 下定義
(2) 輸入資料

每一個配置內的每一份資料都有一個名字，我們的資料是學生的學業分數，所以我們的資料格式如下：

1. 學生姓名
2. 學生的數學成績
3. 學生的國文成績
4. 學生的英文成績

其中最重要的是學生姓名，在配置中，這叫做 section。我們的搜尋是根據 section 的，因此 section 不可重複，也就是說，學生的姓名是不可相同的。

以下是一個讓使用者輸入學生資料的副程式：

```
def input_studentdata(studentdata):
    numOfStudent = int(input("請輸入學生人數: "))
    for i in range(numOfStudent):
        name = input("請輸入學生姓名: ")
        if studentdata.has_section(name):
            print(name + "已經存在了! ")
        else:
            mathscore = input("請輸入" + name + "的數學成績: ")
            chinesescore = input("請輸入" + name + "的國文成績: ")
            englishscore = input("請輸入" + name + "的英文成績: ")
            define_and_add_student(studentdata ,name, mathscore,
chinesescore,englishscore)
    f = open("student_score.txt", "w")
    studentdata.write(f)
    f.close()
```

此副程式讓使用者將學生資料輸入到配置 studentdata 內，然後在磁碟上建立一個叫做 student_score.text 的檔案，在記憶體中，這個 student_score.text 的檔案有個相應的影子檔案，叫做 f。

studentdata.write(f) 將 studentdata 內的資料寫入 f，當然也就寫入了在磁碟內的 student_score.text 檔案。

主程式有兩行：

```
studentdata = create_studentdata()
input_studentdata(studentdata)
```

....

全部程式如下：

```
import configparser

def create_studentdata():
    studentdata = configparser.ConfigParser()
    return studentdata

def define_and_add_student(studentdata ,name, mathscore,
chinesescore,englishscore):
    studentdata.add_section(name)
    studentdata.set(name, "mathscore", mathscore)
    studentdata.set(name, "chinesescore", chinesescore)
    studentdata.set(name, "englishscore", englishscore)

def input_studentdata(studentdata):
    numOfStudent = int(input("請輸入學生人數: "))
    for i in range(numOfStudent):
        name = input("請輸入學生姓名: ")
        if studentdata.has_section(name):
```

```
        print(name + "已經存在了! ")
    else:
        mathscore = input("請輸入" + name + "的數學成績: ")
        chinesescore = input("請輸入" + name + "的國文成績: ")
        englishscore = input("請輸入" + name + "的英文成績: ")
        define_and_add_student(studentdata ,name, mathscore,
chinesescore,englishscore)
    f = open("student_score.txt", "w")
    studentdata.write(f)
    f.close()


studentdata = create_studentdata()
input_studentdata(studentdata)
```

以下是程式執行的結果：

請輸入學生人數:3

請輸入學生姓名: A

請輸入 A 的數學成績: 70

請輸入 A 的國文成績: 90

請輸入 A 的英文成績: 90

請輸入學生姓名: B

請輸入 B 的數學成績: 67

請輸入 B 的國文成績: 76

請輸入 B 的英文成績: 57

請輸入學生姓名: C

請輸入 C 的數學成績: 78

請輸入 C 的國文成績: 90

請輸入 C 的英文成績: 78

請輸入學生人數:3

請輸入學生姓名: A

請輸入 A 的數學成績: 90

請輸入 A 的國文成績: 80

請輸入 A 的英文成績: 78

請輸入學生姓名: B

請輸入 B 的數學成績: 80

請輸入 B 的國文成績: 96

請輸入 B 的英文成績: 85

請輸入學生姓名: A

A 已經存在了!

我們執行了以上程式以後，可以將 student_score.txt 列印如下：

[A]

mathscore = 70

chinesescore = 90

englishscore = 90

[B]

mathscore = 67

chinesescore = 76

englishscore = 57

[C]

mathscore = 78

chinesescore = 90

englishscore = 78

例題 8.2 **求班級各科成績平均**

我們將 studentdata 送入在磁碟內的 student_score.txt 檔案以後，可以將資料讀出來，然後求所有同學各科成績平均。

我們需要幾個新的副程式：

以下的副程式建立 studentdata 配置：

```
def create_studentdata():
    studentdata = configparser.ConfigParser()
    return studentdata
```

以下的副程式是將某個在 disk 內的檔案(檔名是 filename)輸入到記憶體內的暫存檔案(檔名 config)，filename 必須符合配置的格式。以我們的例子，config 就是 studentdata，而 filename 是 student_score.txt。因此這個副程式可以將磁碟內 student_score.txt 檔案存入記憶體的 studentdata 檔案內。如果 student_score.txt 符合配置的格式，那麼 studentdata 一定也符合配置的格式。

```
def load_config(config, filename):
    config.read(filename)
```

以上程式使用了以下的指令：

```
config.read(filename)
```

這個指令和

```
Config=open(filename, "r")
```

有何不同呢？

假設在 filename 內有

```
[C]
mathscore = 78
chinesescore = 90
```

englishscore = 78

　　用了這個 open 的指令，以上的資料的確原封不動地搬到記憶體中了，但是，我們並無法利用以下的資訊：

　　C 同學的數學成績是 78 分。

　　如果我們使用

config.read(filename)，

　　我們就可以知道 C 同學的各科成績了。

以下的副程式計算所有同學的平均成績：

```
def score_average(filename):
    studentdata = create_studentdata ()
    load_config(studentdata, filename)
    SectionArray = studentdata.sections()
    numOfStudent = len(SectionArray)
    math_sum = 0
    chi_sum = 0
    eng_sum = 0
    for i in range(numOfStudent):
        math = int(studentdata.get(SectionArray[i], "mathscore"))
```

```
math_sum = math_sum + math
chi = int(studentdata.get(SectionArray[i], "chinesescore"))
chi_sum = chi_sum + chi
eng = int(studentdata.get(SectionArray[i], "englishscore"))
eng_sum = eng_sum + eng


print("數學平均: " + str(math_sum / numOfStudent))
print("國文平均: " + str(chi_sum / numOfStudent))
print("英文平均: " + str(eng_sum / numOfStudent))
```

以下是幾個指令的解釋：

```
SectionArray = studentdata.sections()
```

這個指令將存在 studentdata 檔案內的 section 讀出來並存在陣列 SectionArray 裡，因為 section 內放的是學生名字，所以 SectionArray 裡現在存入了學生的名字。

```
math = int(studentdata.get(SectionArray[i], "math_score")
```

這個指令讀出第 i 位學生的教學成績，而且指明所讀出來的是整數。

以下是全部程式：

```python
import configparser

def create_studentdata():
    studentdata = configparser.ConfigParser()
    return studentdata

def load_config(config, filename):
    config.read(filename)

def score_average(filename):
    studentdata = create_studentdata ()
    load_config(studentdata, filename)
    SectionArray = studentdata.sections()
    numOfStudent = len(SectionArray)
    math_sum = 0
    chi_sum = 0
    eng_sum = 0
    for i in range(numOfStudent):
        math = int(studentdata.get(SectionArray[i], "mathscore"))
        math_sum = math_sum + math
        chi = int(studentdata.get(SectionArray[i], "chinesescore"))
        chi_sum = chi_sum + chi
        eng = int(studentdata.get(SectionArray[i], "englishscore"))
```

```
    eng_sum = eng_sum + eng

    print("數學平均: " + str(math_sum / numOfStudent))
    print("國文平均: " + str(chi_sum / numOfStudent))
    print("英文平均: " + str(eng_sum / numOfStudent))


score_average("student_score.txt")
```

以下是程式執行的結果：

```
數學平均:85.0
國文平均:88.0
英文平均:81.5
```

例題 8.3　新增一位學生資料

以下的程式可以新增一位學生資料。

我們需要一個新的副程式：

```
def define_and_add_student(studentdata,name, mathscore,
chinesescore,englishscore):
    studentdata.add_section(name)
    studentdata.set(name, "mathscore", mathscore)
```

```
studentdata.set(name, "chinesescore", chinesescore)
studentdata.set(name, "englishscore", englishscore)
```

　　以上的副程式讓使用者在 studentdata 內增加資料，請注意加 section 要用 add_section，但要加其他資料，則用 set。

以下是全部程式：

```python
import configparser

def create_studentdata():
    studentdata = configparser.ConfigParser()
    return studentdata

def load_config(config, filename):
    config.read(filename)

def define_and_add_student(studentdata,name, mathscore,
chinesescore,englishscore):
    studentdata.add_section(name)
    studentdata.set(name, "mathscore", mathscore)
    studentdata.set(name, "chinesescore", chinesescore)
    studentdata.set(name, "englishscore", englishscore)

name = input("請輸入欲新增的學生姓名: ")
```

```
studentdata = create_studentdata()

load_config(studentdata, "student_score.txt")

if studentdata.has_section(name):

    print("這名學生已存在")

else:

    mathscore = input("請輸入"+ name + "的數學成績: ")

    chinesescore = input("請輸入"+ name + "的國文成績: ")

    englishscore = input("請輸入"+ name + "的英文成績: ")

    define_and_add_student(studentdata, name, mathscore, chinesescore,

englishscore)


f = open("student_score.txt", "w")

studentdata.write(f)

f.close()
```

以下是程式執行的結果：

第一次程式執行：

請輸入欲新增的學生姓名:D

請輸入 D 的數學成績: 98

請輸入 D 的國文成績: 78

請輸入 D 的英文成績: 86

第二次程式執行：

請輸入欲新增的學生姓名:D

這名學生已存在

程式結束後，我們列印 student_score.txt 的檔案內容如下：

第一次程式執行範例：

[A]

mathscore = 70

chinesescore = 90

englishscore = 90

[B]

mathscore = 67

chinesescore = 76

englishscore = 57

[C]

mathscore = 78

chinesescore = 90

englishscore = 78

[D]

mathscore = 98

chinesescore = 78

englishscore = 86

例題 8.4　修改一位學生資料

如果要修改一位學生資料，只要選擇要修改的資料，然後重新輸入資料。

我們需要以下修改分數的副程式：

```
def modify_student(studentdata ,name):
    if studentdata.has_section(name):
        select = int(input("請輸入" + name + "要修改成績的科目(1.數學 2.國文 3.英文): "))
        if select == 1:
            mathscore = input("請輸入"+ name + "新的數學成績: ")
            old = studentdata.get(name, "mathscore")
            studentdata.set(name, "mathscore", mathscore)#A new instruction
            print(name + "的數學成績已由" + old + "分改為" + mathscore + "分")
        elif select == 2:
            chinesescore = input("請輸入"+ name + "新的國文成績: ")
            old = studentdata.get(name, "chinesescore")
            studentdata.set(name, "chinesescore", chinesescore)
            print(name + "的國文成績已由" + old + "分改為" + chinesescore + "分")
```

```
elif select == 3:
    englishscore = input("請輸入"+ name + "新的英文成績: ")
    old = studentdata.get(name, "englishscore")
    studentdata.set(name, "englishscore", englishscore)
    print(name + "的英文成績已由" + old + "分改為" + englishscore + "分")
else:
    print("找不到這名學生")
```

以上程式中有以下的指令：

```
mathscore = input("請輸入"+ name + "新的數學成績: ")
```

這個指令中有 "+"，這個符號並非加號，而是聯結符號，input 只能接受一個參數，如果要輸入好幾個參數，就只能用 + 將字串聯成一個參數。

以下是全部程式：

```
import configparser

def create_studentdata():
    studentdata = configparser.ConfigParser()
    return studentdata

def load_config(config, filename):
```

```python
    config.read(filename)


def modify_student(studentdata ,name):
    if studentdata.has_section(name):
        select = int(input("請輸入" + name + "要修改成績的科目(1.數學 2.國文 3.英文): "))
        if select == 1:
            mathscore = input("請輸入"+ name + "新的數學成績: ")
            old = studentdata.get(name, "mathscore")
            studentdata.set(name, "mathscore", mathscore)#A new instruction
            print(name + "的數學成績已由" + old + "分改為" + mathscore + "分")
        elif select == 2:
            chinesescore = input("請輸入"+ name + "新的國文成績: ")
            old = studentdata.get(name, "chinesescore")
            studentdata.set(name, "chinesescore", chinesescore)
            print(name + "的國文成績已由" + old + "分改為" + chinesescore + "分")
        elif select == 3:
            englishscore = input("請輸入"+ name + "新的英文成績: ")
            old = studentdata.get(name, "englishscore")
            studentdata.set(name, "englishscore", englishscore)
            print(name + "的英文成績已由" + old + "分改為" + englishscore + "分")
    else:
        print("找不到這名學生")


studentdata = create_studentdata()
```

```
load_config(studentdata, "student_score.txt")
name = input("請輸入欲修改的學生姓名: ")
modify_student(studentdata ,name)
f = open("student_score.txt", "w")
studentdata.write(f)
f.close()
```

以下是程式執行的結果：

程式執行前 student_score.txt 的檔案內容如下：

A]

mathscore = 70

chinesescore = 90

englishscore = 90

[B]

mathscore = 67

chinesescore = 76

englishscore = 57

[C]

mathscore = 78

chinesescore = 90

englishscore = 78

[D]

mathscore = 98

chinesescore = 78

englishscore = 86

第一次程式執行結果：

請輸入欲修改的學生姓名:A

請輸入 A 要修改成績的科目(1.數學 2.國文 3.英文):1

請輸入 A 新的數學成績:77

A 的數學成績已由 70 分改為 77 分

第二次程式執行結果：

請輸入欲修改的學生姓名:Richard

找不到這名學生

程式執行後 student_score.txt 的檔案內容如下：

[A]

mathscore = 77

chinesescore = 90

englishscore = 90

[B]

mathscore = 67

chinesescore = 76

englishscore = 57

[C]

mathscore = 78

chinesescore = 90

englishscore = 78

[D]

mathscore = 98

chinesescore = 78

englishscore = 86

例題 8.5　查詢一位學生的資料

這個程式使我們可以查詢一位學生的資料

以下是查詢的副程式：

```
def search_student(studentdata, name):
    if studentdata.has_section(name):
        math = studentdata.get(name, "mathscore")
        chi = studentdata.get(name, "chinesescore")
        eng = studentdata.get(name, "englishscore")
        print("數學: " + math + " 國文: " + chi + " 英文: " + eng)
    else:
        print("找不到這名學生")
```

以下是全部程式：

```python
import configparser

def create_studentdata():
    studentdata = configparser.ConfigParser()
    return studentdata

def load_config(config, filename):
    config.read(filename)

def search_student(studentdata, name):
    if studentdata.has_section(name):
        math = studentdata.get(name, "mathscore")
        chi = studentdata.get(name, "chinesescore")
        eng = studentdata.get(name, "englishscore")
        print("數學: " + math + " 國文: " + chi + " 英文: " + eng)
    else:
        print("找不到這名學生")

studentdata = create_studentdata()
load_config(studentdata, "student_score.txt")
name = input("請輸入欲查詢的學生姓名: ")
search_student(studentdata, name)
```

以下是程式執行的結果：

student_score.txt 的檔案內容如下：

[A]

mathscore = 77

chinesescore = 90

englishscore = 90

[B]

mathscore = 67

chinesescore = 76

englishscore = 57

[C]

mathscore = 78

chinesescore = 90

englishscore = 78

[D]

mathscore = 98

chinesescore = 78

englishscore = 86

第一次程式執行結果：

請輸入欲查詢的學生姓名:A

數學:77 國文:90 英文:90

第二次程式執行結果：

請輸入欲查詢的學生姓名:Richard

找不到這名學生

 **例題 8.6** **刪除學生資料**

要刪除一位學生的資料，可以用：

studentdata.remove_section(name)

我們需要一個新的副程式：

```
def remove_student(studentdata ,name):
    if studentdata.has_section(name):
        studentdata.remove_section(name)
        print("刪除成功")
    else:
        print("沒有這名學生")
```

全部程式如下：

import configparser

```python
def create_studentdata():
    studentdata = configparser.ConfigParser()
    return studentdata

def load_config(config, filename):
    config.read(filename)

def remove_student(studentdata ,name):
    if studentdata.has_section(name):
        studentdata.remove_section(name)
        print("刪除成功")
    else:
        print("沒有這名學生")

studentdata = create_studentdata()
load_config(studentdata, "student_score.txt")
name = input("請輸入欲刪除的學生姓名: ")
remove_student(studentdata, name)
f = open("student_score.txt", "w")
studentdata.write(f)
f.close()
```

以下是程式執行的結果：

程式執行前 student_score.txt 的檔案內容如下：

[A]

mathscore = 77

chinesescore = 90

englishscore = 90

[B]

mathscore = 67

chinesescore = 76

englishscore = 57

[C]

mathscore = 78

chinesescore = 90

englishscore = 78

[D]

mathscore = 98

chinesescore = 78

englishscore = 86

第一次程式執行結果：

請輸入欲刪除的學生姓名:B

刪除成功

第二次程式執行結果：

請輸入欲刪除的學生姓名:Richard

沒有這名學生

程式執行後 student_score.txt 的檔案內容如下：

[A]

mathscore = 77

chinesescore = 90

englishscore = 90

[C]

mathscore = 78

chinesescore = 90

englishscore = 78

[D]

mathscore = 98

chinesescore = 78

englishscore = 86

例題 8.7　借還書

這個例子是利用配置來發展一個借還書程式，我們可以增加一本書，借一本書和還一本書。

這個配置的規格下：

1. 書名
2. 出版社
3. 作者
4. 頁數
5. 借閱人

我們要利用書名來搜尋，因此 section 就是書名。

我們寫了三個副程式：

1. addBook():增加新書
2. borrowBook():借書
3. returnBook():還書

配置的名字叫做 books，放配置的檔案是 booklist.txt。

主程式讓使用者從 1、2、3、4 中選一個數字鍵入，這些數字的意義如下：

1. 新增書籍

2. 借書

3. 還書

4. 結束程式

以下是全部程式：

```python
import configparser


def addBook():
    books = configparser.ConfigParser()
    books.read("bookList.txt")
    title = input("請輸入欲新增書籍的書名: ")

    if books.has_section(title):
        print("這本書已經存在了，要修改這本書的資料嗎? ")
    else:
        books.add_section(title)
        com = input("請輸入" + title + "的出版社: ")
        books.set(title, "出版社", com)
        writer = input("請輸入" + title + "的作者: ")
        books.set(title, "作者", writer)
        pages = input("請輸入" + title + "的頁數: ")
        books.set(title, "頁數", pages)
        books.set(title, "借閱人", "none")
```

```
        f = open("bookList.txt", "w")
        books.write(f)
        f.close()


def borrowBook():
    books = configparser.ConfigParser()
    books.read("bookList.txt")
    title = input("請輸入欲借閱的書名: ")

    if books.has_section(title):
        borrow = books.get(title, "借閱人")
        if borrow != "none":
            print("這本書已經被借走了")
        else:
            borrow = input("請輸入借閱人姓名: ")
            books.set(title, "借閱人", borrow)
            f = open("bookList.txt", "w")
            books.write(f)
            f.close()
    else:
        print("沒有這本書! ")


def returnBook():
    books = configparser.ConfigParser()
    books.read("bookList.txt")
```

```python
borrow = input("請輸入借閱人姓名: ")
bookName = input("請輸入歸還的書名: ")
if books.has_section(bookName):
    if borrow == books.get(bookName, "借閱人"):
        books.set(bookName, "借閱人", "none")
        print("還書成功")
        f = open("bookList.txt", "w")
        books.write(f)
        f.close()
    else:
        print(bookName + "不是被" + borrow + "所借走的! ")
else:
    print("沒有這本書! ")


while True:
    print()
    print("---- 請選擇 ----")
    print("1. 新增書籍")
    print("2. 借書")
    print("3. 還書")
    print("4. 結束程式")
    print("----------------")
    sel = int(input("請選擇: "))

    if sel == 1:
```

```
        addBook()
    elif sel == 2:
        borrowBook()
    elif sel == 3:
        returnBook()
    elif sel == 4:
        break
```

以下是程式執行的結果：

新增書籍範例一：

---- 請選擇 ----

1. 新增書籍

2. 借書

3. 還書

4. 結束程式

請選擇:1

請輸入欲新增書籍的書名:迷霧之子 I

請輸入迷霧之子 I 的出版社:皇冠出版社

請輸入迷霧之子 I 的作者:

布蘭登山德勒

請輸入迷霧之子 I 的業頁數:

684

books.txt 檔案內容如下：

[迷霧之子 I]

出版社 = 皇冠出版社

作者 = 布蘭登山德勒

頁數 = 684

借閱人 = none

新增書籍範例二：

---- 請選擇 ----

1. 新增書籍

2. 借書

3. 還書

4. 結束程式

請選擇:1

請輸入欲新增書籍的書名:

哈利波特 I

請輸入哈利波特 I 的出版社:CROWN

請輸入哈利波特 I 的作者:JK 羅琳

請輸入哈利波特 I 的業頁數:1532

books.txt 檔案內容如下：

[迷霧之子 I]

出版社 = 皇冠出版社

作者 = 布蘭登山德勒

頁數 = 684

借閱人 = none

[哈利波特 I]

出版社 = CROWN

作者 = JK 羅琳

頁數 = 1532

借閱人 = none

---

books.txt 檔案內容如下：

[迷霧之子 I]

出版社 = 皇冠出版社

作者 = 布蘭登山德勒

頁數 = 684

借閱人 = none

[哈利波特 I]

出版社 = CROWN

作者 = JK 羅琳

頁數 = 1532

借閱人 = none

借書範例：

---- 請選擇 ----

1. 新增書籍

2. 借書

3. 還書

4. 結束程式

請選擇:2

請輸入欲借閱的書名:

福爾摩斯

沒有這本書!

---- 請選擇 ----

1. 新增書籍

2. 借書

3. 還書

4. 結束程式

請選擇:2

請輸入欲借閱的書名:

迷霧之子 I

請輸入借閱人姓名:

陳庭偉

借書成功

books.txt 檔案內容如下：

[迷霧之子 I]

出版社 = 皇冠出版社

作者 = 布蘭登山德勒

頁數 = 684

借閱人 = 陳庭偉

[哈利波特 I]

出版社 = CROWN

作者 = JK 羅琳

頁數 = 1532

借閱人 = none

借書範例：

---- 請選擇 ----

1. 新增書籍

2. 借書

3. 還書

4. 結束程式

請選擇:2

請輸入欲借閱的書名:

迷霧之子 I

這本書已經被借走了

books.txt 檔案內容如下：

[迷霧之子 I]

出版社 = 皇冠出版社

作者 = 布蘭登山德勒

頁數 = 684

借閱人 = 陳庭偉

[哈利波特 I]

出版社 = CROWN

作者 = JK 羅琳

頁數 = 1532

借閱人 = none

還書範例：

---- 請選擇 ----

1. 新增書籍

2. 借書

3. 還書

4. 結束程式

請選擇:3

請輸入借閱人姓名:

謝一功

請輸入歸還的書名:

迷霧之子 I

迷霧之子 I 不是被謝一功所借走的!

---- 請選擇 ----

1. 新增書籍

2. 借書

3. 還書

4. 結束程式

請選擇:3

請輸入借閱人姓名:

陳庭偉

請輸入歸還的書名:

迷霧之子 I

還書成功

books.txt 檔案內容如下：

[迷霧之子 I]

出版社 = 皇冠出版社

作者 = 布蘭登山德勒

頁數 = 684

借閱人 = none

[哈利波特 I]

出版社 – CROWN

作者 = JK 羅琳

頁數 = 1532

借閱人 = none

··

以下是有關配置的幾個重要指令：

如果要定義一個新的配置，可以用以下的指令：

books = configparser.ConfigParser()

如果要讀取含有一個配置的檔案，可以用 read 指令如下：

books.read("bookList.txt")

如果要加一個 section，可以用 add 指令如下：

books.add_section(title)

如果要加入一個 section 內部的資料，可以用 set 指令如下：

com = input("請輸入" + title + "的出版社: ")
books.set(title, "出版社", com)

如果要取得一個 section 內部的資料，可以用 get 指令如下：

```
title = input("請輸入要尋找的書名: ")
writer = books.get(title, "作者")
com = books.get(title, "出版社")
```

要將一個配置寫入某檔案，可以用 write 指令如下：

```
f = open("bookList.txt", "w")
books.write(f)
f.close()
```

習題

我們要替一家醫院處理一些病患的資料如下：

1. 健保號碼(也是 section)
2. 姓名
3. 性別
4. 電話
5. 醫療科別

1. 寫一程式，在磁碟內建立一個配置，並輸入並儲存病人資料
2. 寫一程式，新增一位病人資料
3. 寫一程式，修改一位病人資料
4. 寫一程式，查詢一位病人資料
5. 寫一程式，刪除病人資料
6. 寫一程式，列印所有女性病人姓名

9

Chapter

遞迴程式

我們如果要求 1+2+⋯+N，我們當然可以利用 for loop 來得到答案，但是我們可以令

$f(N)=N + f(N-1)$

$f(1)=1$--(9-1)

為什麼方程式(9-1)可以計算 1+2+⋯+N 呢? 請看一例，假設 $N=3$，按照方程式(9-1)：

$f(3)=3 + f(3-1)=3+ f(2)$

$f(2)=2 + f(2-1)=2+ f(1)$

$f(1)=1$

所以，

$f(1)=1$

$f(2)=2+ f(2)=2+1$

$f(3)=3+ f(2)=3+2+1$

可見方程式(9-1)是可以計算 1+2+⋯+N 的。

我們還有一種方法來解釋方程式(9-1)，我們可以展開方程式(9-1)如下：

$f(N)=N+ f(N-1)=N+(N-1)+ f(N-2)=N+(N-1)+⋯+ f(1)$

$=N+(N-1)+\cdots+1=1+2+\cdots N$

因為的定義牽涉到了它自己，我們這種方程式稱為遞迴方程式，利用遞迴方程式寫出來的程式叫做遞迴程式，本章的程式都是遞迴程式。

例題 9.1　求 1+2+3+…+N 的和

全部程式如下：

```python
def sum(N):
    if N == 1:
        value = 1
    else:
        value = N + sum(N - 1)
    return value

x = int(input('計算 1 到 N 的總和，請輸入 N:'))
y = sum(x)
print('1 到' + str(x) + '的總和為' + str(y))
```

以下是程式執行的結果：

```
計算 1 到 N 的總和，請輸入 N:5
1 到 5 的總和為 15
```

計算 1 到 N 的總和，請輸入 N:10

1 到 10 的總和為 55

計算 1 到 N 的總和，請輸入 N:19

1 到 19 的總和為 190

 **例題 9.2** **求陣列 A 中所有數值的和**

全部程式如下：

```python
def ArraySum(Array, N):
    if N == 0:
        return A[0]
    else:
        value = ArraySum(Array, N - 1) + A[N]
        return value


A = []
s = int(input("請輸入陣列大小: "))
for i in range(s):
    x = int(input("請輸入 A[" + str(i) + "] 的值: "))
    A.append(x)
```

y = ArraySum(A, s - 1)

print("Array 內所有數值的總和為" + str(y))

在以上的程式中，有一個新的指令：

A.append(x)

這個指令將 x 加到 A array 裡面去，假設 A array 裡面已存了 6 項資料，第 7 項資料就會是 x。

以下是程式執行的結果：

請輸入陣列大小:5

請輸入 A[0] 的值:0

請輸入 A[1] 的值:3

請輸入 A[2] 的值:7

請輸入 A[3] 的值:1

請輸入 A[4] 的值:5

Array 內所有數值的總和為 16

請輸入陣列大小:4

請輸入 A[0] 的值:-12

請輸入 A[1] 的值:6

請輸入 A[2] 的值:-3

請輸入 A[3] 的值:12

Array 內所有數值的總和為 3

請輸入陣列大小:3

請輸入 A[0] 的值:-9

請輸入 A[1] 的值:6

請輸入 A[2] 的值:3

Array 內所有數值的總和為 0

 **例題 9.3　計算 N!**

以下是全部程式：

```
def factorial(N):
    if N == 1:
        value = 1
    else:
        value = N * factorial(N - 1)


    return value


x = int(input("要計算幾階層: "))
```

```
y = factorial(x)
print(str(x) + "! = " + str(y))
```

以下是程式行的結果：

要計算幾階層:3
3! = 6

要計算幾階層:5
5! = 120

要計算幾階層:9
9! = 362880

例題 9.4　求費式數列 F(n)

費氏數列的定義如下：

$f(n)=f(n-1)+f(n-2)$

$f(2)=1$

$f(1)=0$

假設 $n=7$.

$f(1)=0$

$f(2)=1$

$f(3)=f(2)+f(1)=1+0=1$

則 $f(4)=f(3)+f(2)=1+1=2$

$f(5)=f(4)+f(3)=2+1=3$

$f(6)=f(5)+f(4)=3+2=5$

$f(7)=f(6)+f(5)=5+3=8$

全部程式如下：

```
def F(N):
    if N == 1:
        return 0
    elif N == 2:
        return 1
    else:
        val = F(N - 1) + F(N - 2)
        return val


x = int(input("請輸入求 F(N)的 N 為: "))
y = F(x)
print("F(" + str(x) + ")=" + str(y))
```

以下是程式執行的結果：

請輸入求 F(N)的 N 為:1
F(1)=0

請輸入求 F(N)的 N 為:5
F(5)=3

請輸入求 F(N)的 N 為:9
F(9)=21

以下的程式，都必須是遞迴程式。

❶ 求 $1+b+b^2+\cdots+b^n$。

❷ 求 $1\times2+2\times3+\cdots+n(n+1)$。

❸ 求 $a+(a+b)+(a+2b)+\cdots+(a+(n-1)b)$。

10
Chapter

排序

所謂排序，就是將一組數字按大小排好，假設我們的數字是 7,1,15,24,3,22,6。排序的結果是 1,3,6,7,15,22,24。

例題 10.1 氣泡排序法 (Bubble Sort)

氣泡排列法是將最小的往前推到第一個位置，然後將第二小的推到第二個位置，直到最大的到了最後的位置。

我們用一個例子來解釋氣泡排列法。

7, 5, 1, 4, **2**

我們從最後一個數字 2 比較起，它前面的數字是 4，所以 2 和 4 互換；

7, 5, 1, **2**, 4

現在比較 2 和 1。2 比 1 大, 不必有任何交換。

7, 5, **1**, 2, 4

現在比較 1 和 5。1 比 5 小，所以 1 和 5 互換：

7, **1**, 5, 2, 4.

現在比較 1 和 7。1 比 7 小，所以 1 和 7 互換：

1, 7, 5, 2, 4

現在 1 已經昇到了第 1 個位置。

以下的一個回合，我們要將 2 送到第 2 個位置，過程如下；

1, 7, 5, **2**, 4
1, 7, **2**, 5, 4
1, **2**, 7, 5, 4

以下的一個回合，我們要將 4 送到第 3 個位置，過程如下；

1, 2, 7, 5, **4**
1, 2, 7, **4**, 5
1, 2, **4**, 7, 5

最後，我們要將 5 送到第 4 個位置，過程如下：

1, 2, 4, **5**, 7

大功告成矣。

我們首先需要一個互相交換的副程式 SWAP 如下：

```
def SWAP(Array, i, j):
    temp = Array[i]
    Array[i] = Array[j]
    Array[j] = temp
```

這個副程式是非常有用的，讀者應該熟知它，它的步驟如下：

(1) 將 temp 設成 Array[i]

(2) 將 Array[j] 儲入 Array[i]

(3) 將 temp 儲入 Array[j]

假設 A[i]=10，A[j]=5，SWAP(A,i,j) 的過程如下：

```
temp=A[i]=10
A[i]=A[j]=5
A[j]=temp=10
```

讀者應該看出出 Array[i] 和 Array[j] 互相交換了。

我們還需要一個副程式，這個副程式的功能是將 A 陣列中第 i 小的數字送到陣列中第 i 個位置，以下是這個副程式：

```
def bubble(Array, i, N):

    k = N - 1

    while k > i:

        if Array[k - 1] > Array[k]:

            SWAP(Array, k - 1, k)

        k = k - 1
```

　　這個副程式是非常容易懂的，如果 Array[k - 1] > Array[k]，Array[k - 1] 和 Array[k] 就互換，也就是說，小的數字會像氣泡一樣的往上昇，這種比較只要做 i-1 次，A 陣列中第 i 小的數字就會被送到陣列中第 i 個位置了。

　　我們可以舉一個例子來讓讀者對 bubble 這個副程式有感覺：

i=1

N=4

Array = [4, 2, 1, 3]

bubble(Array,1,4)

k=N-1→4-1→3

k=3>i=1

Array[k-1]=Array[2]=1<Array[k]=Array[3]=3

不要 SWAP

k=k-1=3-1=2

k=2>i=1

Array[k-1]=Array[1]=2>Array[k]=Array[2]=1

SWAP(Array, 1, 2)

Array[1]=1, Array[2]=2

k=k-1=2-1=1=i=1

Array[k-1]=Array[0]=4>Array[k]=Array[1]=1

SWAP(Array, 0, 1)

Array[0]=1. Array[1]=4

k=k-1=0<i=1

結束

結束以後，Array 變更如下：

Array = [1, 4, 2, 3]

讀者可以看出，最小的數 1 已經被搬到最前面了。假如我們再呼叫 bubble(Array,2,4)，動作如下：

i=2

N=4

k=N-1→4-1→3

k=3>i=2

Array[k-1]=Array[2]=2<Array[3]=Array[3]=3

不要 SWAP

k=k-1=3-1=2=i=2

Array[k-1]=Array[1]=4>Array[k]=Array[2]=2

SWAP(Array,1,2)

Array[1]=2, Array[2]=4

k=k-1=2-1=1<i=2

結束

因為 Array[1]=2，我們知道第 2 最小數 2 已被搬到第 2 個位置。

以下是主程式：

```
A=[]
N = int(input("請輸入陣列大小: "))
for i in range(N):
    x = int(input("請輸入第" + str(i) + "個數字: "))
    A.append(x)
for i in range(N):
    print(A)
    bubble(A, i, N)
print(A)
```

主程式先將 N 個數字讀入 A 陣列，然後執行 bubble(A, i, N) N 次，就完成了氣泡排序。

以下是全部程式：

```
def SWAP(Array, i, j):
    temp = Array[i]
```

```
    Array[i] = Array[j]

    Array[j] = temp


def bubble(Array, i, N):

    k = N - 1

    while k > i:

        if Array[k - 1] > Array[k]:

            SWAP(Array, k - 1, k)

        k = k - 1


A=[]

N = int(input("請輸入陣列大小: "))

for i in range(N):

    x = int(input("請輸入第" + str(i) + "個數字: "))

    A.append(x)

for i in range(N):

    print(A)

    bubble(A, i, N)

print(A)
```

以下是程式執行的結果：

請輸入陣列大小:6

請輸入第 0 個數字:4

請輸入第 1 個數字:5

請輸入第 2 個數字:1

請輸入第 3 個數字:3

請輸入第 4 個數字:9

請輸入第 5 個數字:6

[4, 5, 1, 3, 9, 6]

[1, 4, 5, 3, 6, 9]

[1, 3, 4, 5, 6, 9]

[1, 3, 4, 5, 6, 9]

[1, 3, 4, 5, 6, 9]

[1, 3, 4, 5, 6, 9]

[1, 3, 4, 5, 6, 9]

請輸入陣列大小:10

請輸入第 0 個數字:94

請輸入第 1 個數字:33

請輸入第 2 個數字:90

請輸入第 3 個數字:29

請輸入第 4 個數字:71

請輸入第 5 個數字:59

請輸入第 6 個數字:38

請輸入第 7 個數字:51

請輸入第 8 個數字:22

請輸入第 9 個數字:48

[94, 33, 90, 29, 71, 59, 38, 51, 22, 48]

[22, 94, 33, 90, 29, 71, 59, 38, 51, 48]

[22, 29, 94, 33, 90, 38, 71, 59, 48, 51]

[22, 29, 33, 94, 38, 90, 48, 71, 59, 51]

[22, 29, 33, 38, 94, 48, 90, 51, 71, 59]

[22, 29, 33, 38, 48, 94, 51, 90, 59, 71]

[22, 29, 33, 38, 48, 51, 94, 59, 90, 71]

[22, 29, 33, 38, 48, 51, 59, 94, 71, 90]

[22, 29, 33, 38, 48, 51, 59, 71, 94, 90]

[22, 29, 33, 38, 48, 51, 59, 71, 90, 94]

[22, 29, 33, 38, 48, 51, 59, 71, 90, 94]

例題 10.2 插入排序法 (Insertion Sort)

假設我們有 A 陣列 A[0],A[1],…,A[N-1]，插入排序法也用兩兩比較，若 A[k - 1] > A[k]，就將 A[k - 1] 和 A[k] 互換。如此小的數字就會跑到前面去了。

我們可以用一個例子來解釋插入排序法：

假設我們的原始陣列是

9,4,1,5,13,8

先比較 4 和 9，因為 4 < 9，9 和 4 互換，新陣列如下：

4,**9,1**,5,13,8

比較 1 和 9，因為 1 < 9, 9 和 1 互換，新陣列如下：

4,1,9,5,13,8

比較 1 和 4，因為 1 < 4, 4 和 1 互換，新陣列如下：

1,4,**9,5**,13,8

比較 5 和 9，因為 5 < 9, 9 和 5 互換，新陣列如下：

1,**4,5**,9,13,8

比較 5 和 4，因為 5 > 9, 無動作，新陣列維持原狀如下：

1,4,5,**9,13**,8

比較 13 和 9，因為 13> 9, 無動作，新陣列維持原狀如下：

1,4,5,9,**13,8**

比較 8 和 13，因為 13 > 8, 13 和 8 互換，新陣列如下：

1,4,5,**9,8**,13

比較 8 和 9，因為 9 > 8, 9 和 8 互換，新陣列如下：

1,4,5,8,9,13

插入排序法主要的做法是將 A[i] 插入 A[0],A[1]…,A[i-1] 中, 使得 A[0],A[1]…,A[i] 是完全排序好的。在考慮 A[i] 以前，A[0],A[1]…,A[i-1] 已是排列好的。

請看以下的解釋：

9,**4**,1,5,13,8
考慮 A[1]=4
4,9,**1**,5,13,8 (4,9 已排序)
考慮 A[2]=1,
1,4,9,**5**,13,8 (1,4,9 已排序)
考慮 A[3]=5,
1,4,5,9,**13**,8 (1,4,5,9 已排序)
考慮 A[4]=13,
1,4,5,9,13,**8** (1,4,5,9,13 已排序)
考慮 A[5]=8,
1,4,5,8,9,13 (1,4,5,8,9,13 已排序)

以下是全部程式，在副程式 insert(Array,i) 中，有一個"break"的指令，這是跳出迴圈的意思。

```python
def SWAP(Array, i, j):
    temp = Array[i]
    Array[i] = Array[j]
    Array[j] = temp


def insert(Array, i):
    k = i
    while k >= 1:
        if A[k - 1] > A[k]:
            SWAP(Array, k - 1, k)
        else:
            break
        k = k - 1


A=[]
N = int(input("請輸入陣列大小: "))
for i in range(N):
    x = int(input("請輸入第" + str(i) + "個數字: "))
    A.append(x)


k = 1
while k < N:
    print(A)
    insert(A, k)
    k = k + 1
```

print(A)

以下是程式執行的結果：

請輸入陣列大小:6

請輸入第 0 個數字:4

請輸入第 1 個數字:5

請輸入第 2 個數字:1

請輸入第 3 個數字:3

請輸入第 4 個數字:9

請輸入第 5 個數字:6

[4, 5, 1, 3, 9, 6]

[4, 5, 1, 3, 9, 6]

[1, 4, 5, 3, 9, 6]

[1, 3, 4, 5, 9, 6]

[1, 3, 4, 5, 9, 6]

[1, 3, 4, 5, 6, 9]

請輸入陣列大小:10

請輸入第 0 個數字:94

請輸入第 1 個數字:33

請輸入第 2 個數字:90

請輸入第 3 個數字:29

請輸入第 4 個數字:71

請輸入第 5 個數字:59

請輸入第 6 個數字:38

請輸入第 7 個數字:51

請輸入第 8 個數字:22

請輸入第 9 個數字:48

[94, 33, 90, 29, 71, 59, 38, 51, 22, 48]

[33, 94, 90, 29, 71, 59, 38, 51, 22, 48]

[33, 90, 94, 29, 71, 59, 38, 51, 22, 48]

[29, 33, 90, 94, 71, 59, 38, 51, 22, 48]

[29, 33, 71, 90, 94, 59, 38, 51, 22, 48]

[29, 33, 59, 71, 90, 94, 38, 51, 22, 48]

[29, 33, 38, 59, 71, 90, 94, 51, 22, 48]

[29, 33, 38, 51, 59, 71, 90, 94, 22, 48]

[22, 29, 33, 38, 51, 59, 71, 90, 94, 48]

[22, 29, 33, 38, 48, 51, 59, 71, 90, 94]

例題 10.3 快速排序法 (Quick Sort)

快速排序法的原理是選一個數 X，然後設法將數列成三份如圖 10.1。

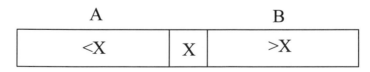

圖 10.1 ▶ 快速排序法的基本原理

讀者可以很容易地懂得，一旦數列被分裂成圖 10-1 的三部份，我們可以將 A 和 B 分別排序，分別排序完成以後，全部數列就排序了。

如何排序 A 和 B，當然仍然用快速排序法。

問題是：如何能做到這一步呢？

我們的辦法如下：

(1) 令數列中最左邊的數為 X。
(2) 設立兩個指標 i 和 j，如圖 10.2 所示。
(3) 將 i 往右移，直到找到第一個 A[i] > X 為止。
(4) 將 j 往左移，直到找到第一個 A[j] < X 為止。
(5) 將 A[i] 和 A[j] 互調。
(6) 重覆以上的動作直到 i >= j 為止。
(7) 將 X 和 A[i] 互換

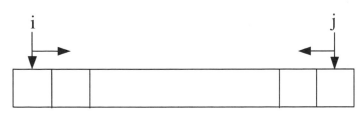

圖 10.2 ▶ 快速排序法的兩個指標

以上的步驟結束以後，我們就可以得到圖 10.1 的結果。

圖 10.3 描寫了以上的步驟。

| 38 | 25 | 46 | 71 | 23 | 43 | 62 | 17 | 31 |

Pivot = 38

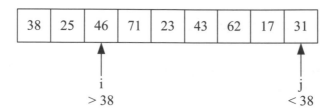

Pivot = 38

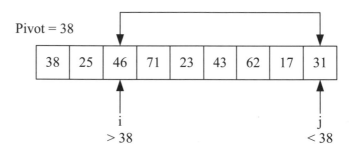

Pivot = 38

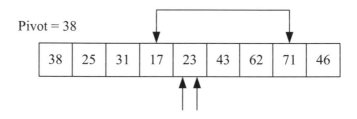

Pivot = 38

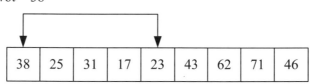

Pivot = 38

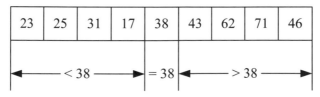

圖 10.3 ▶ 快速排序法的一個例子

我們接下來的工作乃是排序(23,25,31,47) 和 (43,62,71,46)

以下是流程圖：

主程式

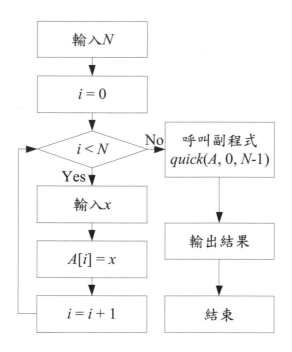

副程式
swap(Array, i, j)

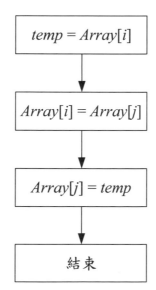

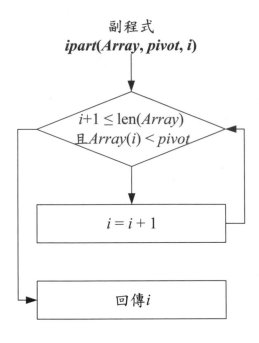

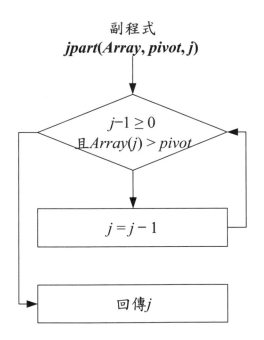

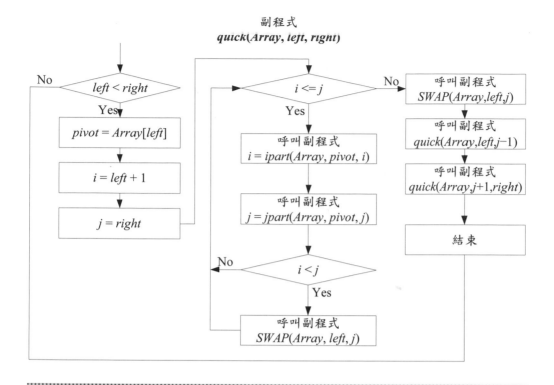

副程式
quick(Array, left, right)

我們需要兩個副程式，ipart 將 i 向右移動直到找到大於 pivot 的數字。jpart 將 j 向左移動直到找到小於 pivot 的數字。

```
def ipart(Array,pivot,i):
    while i+1 <= len(Array) and Array[i] < pivot:
        i=i+1
    return i
```

```
def jpart(Array,pivot,j):
    while j-1 >= 0 and Array[j] > pivot:
        j=j-1
    return j
```

以下是全部程式：

```python
def SWAP(Array, i, j):
    temp = Array[i]
    Array[i] = Array[j]
    Array[j] = temp


def ipart(Array,pivot,i):
    while i+1 <= len(Array) and Array[i] < pivot:
        i=i+1
    return i


def jpart(Array,pivot,j):
    while j-1 >= 0 and Array[j] > pivot:
        j=j-1
    return j


def quick(Array, left, right):
    print("Q: left = ",left,", right = ", right )
    if left < right:
        pivot = Array[left]
        print("pivot = A[",left,"] = ",pivot)
        i = left + 1
        j = right
```

```python
    while i <= j:
        i = ipart(Array,pivot,i)
        print("i=",i)
        j = jpart(Array,pivot,j)
        print("j=",j)
        if i < j:
            print("i < j,執行交換 A[",i,"] 和 A[",j,"]")
            SWAP(Array, i, j)
            print(A)
    print("交換 pivot 和 A[",j,"]")
    SWAP(Array, left, j)
    print(A)
    quick(Array, left, j - 1)
    quick(Array, j + 1, right)


A=[]
N = int(input("請輸入陣列大小: "))
for i in range(N):
    x = int(input("請輸入第" + str(i) + "個數字: "))
    A.append(x)
print(A)
quick(A, 0, N - 1)
print(A)
```

以下是程式執行的結果：

請輸入陣列大小:10

請輸入第 0 個數字:11

請輸入第 1 個數字:20

請輸入第 2 個數字:3

請輸入第 3 個數字:15

請輸入第 4 個數字:16

請輸入第 5 個數字:24

請輸入第 6 個數字:9

請輸入第 7 個數字:31

請輸入第 8 個數字:25

請輸入第 9 個數字:28

[11, 20, 3, 15, 16, 24, 9, 31, 25, 28]

Q: left = 0 , right = 9

pivot = A[0] = 11

i= 1

j= 6

i < j,執行交換 A[1] 和 A[6]

[11, 9, 3, 15, 16, 24, 20, 31, 25, 28]

i= 3

j= 2

交換 pivot 和 A[2]

[3, 9, 11, 15, 16, 24, 20, 31, 25, 28]

Q: left = 0 , right = 1

pivot = A[0] = 3

i= 1

j= 0

交換 pivot 和 A[0]

[3, 9, 11, 15, 16, 24, 20, 31, 25, 28]

Q: left = 0 , right = -1

Q: left = 1 , right = 1

Q: left = 3 , right = 9

pivot = A[3] = 15

i= 4

j= 3

交換 pivot 和 A[3]

[3, 9, 11, 15, 16, 24, 20, 31, 25, 28]

Q: left = 3 , right = 2

Q: left = 4 , right = 9

pivot = A[4] = 16

i= 5

j= 4

交換 pivot 和 A[4]

[3, 9, 11, 15, 16, 24, 20, 31, 25, 28]

Q: left = 4 , right = 3

Q: left = 5 , right = 9

pivot = A[5] = 24

i= 7

j= 6

交換 pivot 和 A[6]

[3, 9, 11, 15, 16, 20, 24, 31, 25, 28]

Q: left = 5 , right = 5

Q: left = 7 , right = 9

pivot = A[7] = 31

i= 10

j= 9

交換 pivot 和 A[9]

[3, 9, 11, 15, 16, 20, 24, 28, 25, 31]

Q: left = 7 , right = 8

pivot = A[7] = 28

i= 9

j= 8

交換 pivot 和 A[8]

[3, 9, 11, 15, 16, 20, 24, 25, 28, 31]

Q: left = 7 , right = 7

Q: left = 9 , right = 8

Q: left = 10 , right = 9

[3, 9, 11, 15, 16, 20, 24, 25, 28, 31]

例題 10.4 合併排序法 (Merge Sort)

合併排序法是根據合併來排序的，假設我們有兩個已經排序好的數列，我們就可很容易地將兩個數列合併成一個排序好的數列。

假設我們有以下兩個數列：

3,6,10,13
1,7,9,11

合併的程序如下：

3,6,10,13
1,7,9,11

比 1 和 3，1<3，所以將較小的 "1" 從原陣列中移除後，
新陣列為 [1]
剩下的數列是
3,6,10,13
7,9,11

比 3 和 7，3<7，將較小的 "3" 從原陣列中移除後，
新陣列為 [1,3]
剩下的數列是
6,10,13
7,9,11

比 6 和 7，6<7，將較小的 "6" 從原陣列中移除後，
新陣列為 [1,3,6]
剩下的數列是

10,13

7,9,11

比 7 和 10，7<10，將較小的 "7" 從原陣列中移除後，

新陣列為 [1,3,6,7]

剩下的數列是

10,13

9,11

比 9 和 10，9<10，將較小的 "9" 從原陣列中移除後，

新陣列為 [1,3,6,7,9]

剩下的數列是

10,13

11

比 10 和 11，10<11，將較小的 "10" 從原陣列中移除後，

新陣列為 [1,3,6,7,9,10]

剩下的數列是

13

11

比 11 和 13，11<13，將較小的 "11" 從原陣列中移除後，

新陣列為 [1,3,6,7,9,10,11]

13 是最後一個

1,3,6,7,9,10,11,13(一個排序好的數列)

所以，合併排序法的程序是：

(1) 將一個未排序的數列分成兩個數列 A 和 B，兩個數列的長度之差最多是 1。

(2) 將 A 和 B 分別排序好。

(3) 將排序好的 A 和 B 利用合併演算法合併成一個排序好的數列。

問題是：如何排序 A 和 B？

答案：我們仍然用合併排序法。

所以合併排序法是一種遞迴演算法，我們現在用一個例子來解釋這個演算法。假設我們輸入的數列是

5,1,10,7,2,9,8,3

我們將他分成

5,1,10,7

和 2,9,8,3

以上的數列又再被分成

5,1 和 10,7

以及 2,9 和 8,3

再分一次，就可以合併了，我們會得到

1,5 和 7,10

以及 2,9 和 3,8

再合併，我們會得到

1,5,7,10

以及 2,3,8,9

再合併，我們會得到

1,2,3,5,7,8,9,10(完全排序好的數列)

圖 10.4 顯示了整個過程：

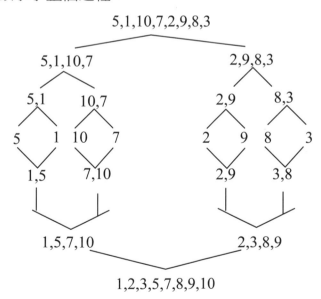

圖 10.4 ▶ 對 5,1,10,7,2,9,8,3 合併排序的過程

以下是流程圖：

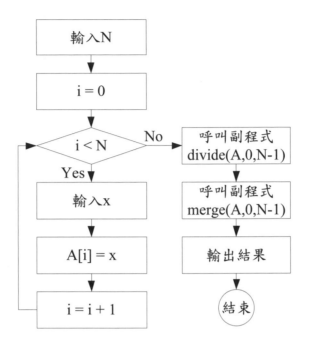

副程式
divide(Array,left,right)

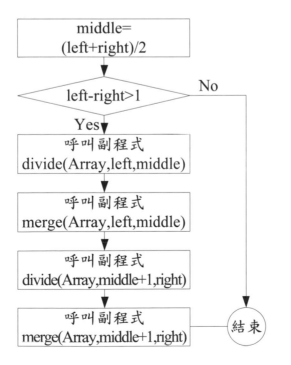

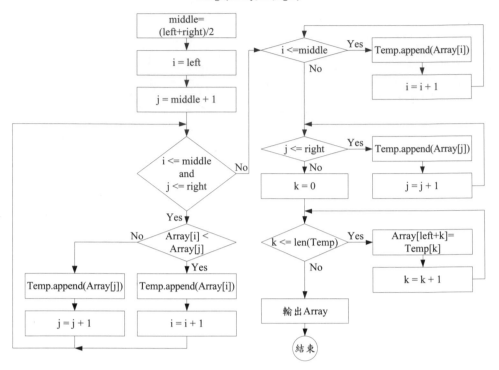

副程式
merge(Array,left,right)

以下是全部程式：

```
def merge(Array, left, right):

    print("M: left =",left,"right =",right)

    middle = int((left+right)/2)

    i = left

    j = middle + 1

    print("i =",i,"  j =",j)

    Temp = []

    while i <= middle and j <= right:
```

```
        if Array[i] < Array[j]:

            Temp.append(Array[i])

            i = i + 1

        else:

            Temp.append(Array[j])

            j = j + 1

    print("Temp =", Temp)

    while i <= middle:

        Temp.append(Array[i])

        i = i + 1

    while j <= right:

        Temp.append(Array[j])

        j = j + 1

    for k in range(len(Temp)):

        Array[left + k] = Temp[k]

    print(Array, end="")

    #將排序好的內容印出

    print(" (",end="")

    leftRange = left

    while leftRange <= right:

        print(Array[leftRange], end=" ")

        leftRange = leftRange + 1

    print(")排序好 \n")


def divide(Array, left, right):
```

```
        print("D: left =",left,"right =",right)
        middle = int((left+right)/2)
        if right - left > 1:
            divide(Array, left, middle)
            merge(Array, left, middle)
            divide(Array, middle + 1, right)
            merge(Array, middle+1, right)
            #印出合併的提示訊息，左半邊要與右半邊合併
            print("接著將左邊(",end="")
            leftRange=left
            while leftRange <= middle:
                print(Array[leftRange],end=" ")
                leftRange = leftRange+1
            print(") 及右邊(",end="")
            leftRange=middle+1
            while leftRange <= right:
                print(Array[leftRange],end=" ")
                leftRange = leftRange+1
            print(") 合併... ")


N = int(input("請輸入陣列大小: "))
A = [0 for i in range(N)]
for i in range(N):
    x = int(input("請輸入第" + str(i) + "個數字: "))
    A[i] = x
```

```
print(A)
divide(A, 0, N - 1)
merge(A, 0, N - 1)
print(A)
```

....

請輸入陣列大小:7

請輸入第 0 個數字:6

請輸入第 1 個數字:3

請輸入第 2 個數字:9

請輸入第 3 個數字:5

請輸入第 4 個數字:2

請輸入第 5 個數字:7

請輸入第 6 個數字:1

[6, 3, 9, 5, 2, 7, 1]

D: left = 0 right = 6

D: left = 0 right = 3

D: left = 0 right = 1

M: left = 0 right = 1

i = 0   j = 1

Temp = [3]

[3, 6, 9, 5, 2, 7, 1](3 6)排序好

D: left = 2 right = 3

M: left = 2 right = 3

i = 2   j = 3

Temp = [5]

[3, 6, 5, 9, 2, 7, 1](5 9)排序好

接著將左邊(3 6) 及右邊(5 9) 合併...

M: left = 0 right = 3

i = 0   j = 2

Temp = [3, 5, 6]

[3, 5, 6, 9, 2, 7, 1](3 5 6 9)排序好

D: left = 4 right = 6

D: left = 4 right = 5

M: left = 4 right = 5

i = 4   j = 5

Temp = [2]

[3, 5, 6, 9, 2, 7, 1](2 7)排序好

D: left = 6 right = 6

M: left = 6 right = 6

i = 6   j = 7

Temp = []

[3, 5, 6, 9, 2, 7, 1](1)排序好

接著將左邊(2 7) 及右邊(1) 合併...

M: left = 4 right = 6

i = 4   j = 6

Temp = [1]

[3, 5, 6, 9, 1, 2, 7](1 2 7)排序好

接著將左邊(3 5 6 9) 及右邊(1 2 7) 合併...

M: left = 0 right = 6

i = 0   j = 4

Temp = [1, 2, 3, 5, 6, 7]

[1, 2, 3, 5, 6, 7, 9](1 2 3 5 6 7 9)排序好

[1, 2, 3, 5, 6, 7, 9]

　　在例中，凡是執行 divide，我們列印 D，凡是執行 merge，我們列印 M，而且也註明 left 和 right 的數目。如此，可以使讀者瞭解程式中副程式被執行的經過。

11
Chapter

資料結構

堆疊(Stack)

所謂堆疊，用家裡的碗盤來解釋最恰當，我們永遠將盤子一個一個地堆起來，新洗好的盤子放在最上面，要用的時候也是從上面取，這種存取的方法是「後來先取」。而這一疊起來的盤子就是「堆疊」。

在程式中，我們有時會不停地收到資料，我們可以用這種"堆疊"的資料結構。堆疊可以被想成一個陣列，圖 11.1 是一個堆疊的例子。

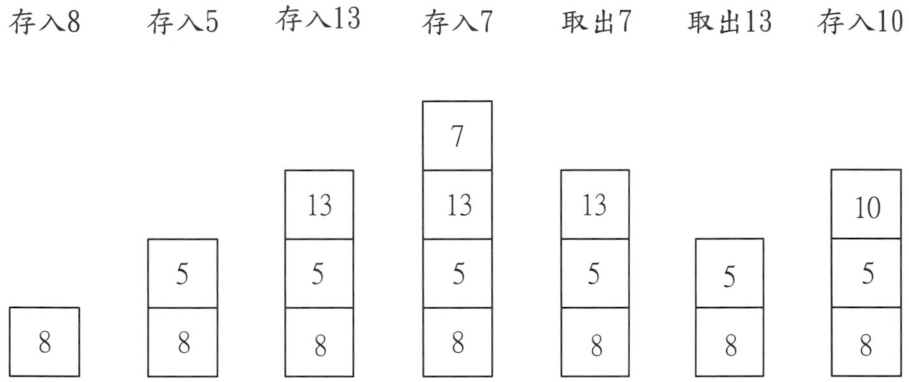

存入8　　　存入5　　　存入13　　　存入7　　　取出7　　　取出13　　　存入10

圖 11.1 ▶ 一個堆疊的例子

在堆疊的動作中，除了存入和取出以外，我們還可以列出所有堆疊內的資料。

在英文中，存入是 push，取出是 pop。

堆疊事實上就是一個陣列，假設這個陣列是 s，我們可以用以下的指令；

(1) s.append(y): 將 y 加入 s，如果 s[0]，s[1]，…，s[N-1] 都已有資料，而 s[N] 是空的，　則 s[N]=y。

(2) y = s.pop(len(s) - 1): 將 s 陣列最後的資料取出來。

以下是堆疊的幾個副程式，我們會一一解釋。我們堆疊的名稱是 s。

這個副程式讀取一個數字，然後將此數字存入堆疊 s 的最上面的地方去，這是存入資料的副程式。

```
def addNumberToStack(s):
  y = int(input("請輸入要加進 stack 的數字："))
  s.append(y)
```

這個副程式將 s 最上面的資料移除，是取出(pop) 資料的副程式，Pop 執行以後，s(len(s)-1) 就被移除了。

```
def popNumberFromStack(s):
  if len(s) != 0:
    y = s.pop(len(s) - 1)
    print("從 stack 裡取出的數字為：" + str(y))
  else:
    print("Stack 現在是空的！")
```

這是讀堆疊 s 內所有資料的副程式。

```
def showStack(s):
  if len(s) != 0:
    print("Stack 的內容為：" + str(s))
  else:
    print("Stack 現在是空的！")
```

值得注意的是 print 能夠將一個陣列中的資料列印出來，這是很稀有的事，別的程式語言做不出這種事的。

這是主程式，使用者可以有四種選擇：

1. 存入資料
2. 取出資料
3. 查看資料
4. 結束使用

```
S = []
while True:
 x = int(input(" [STACK] 1. 加入數字 2. 取出數字 3. 查看 stack 4. 離開程式 || 請選擇功能："))
 if x == 1:
  addNumberToStack(S)
 elif x == 2:
  popNumberFromStack(S)
 elif x == 3:
  showStack(S)
 elif x == 4:
  break
```

以下是全部程式：

```python
def addNumberToStack(s):
  y = int(input("請輸入要加進 stack 的數字："))
  s.append(y)


def popNumberFromStack(s):
  if len(s) != 0:
    y = s.pop(len(s) - 1)
    print("從 stack 裡取出的數字為：" + str(y))
  else:
    print("Stack 現在是空的！")


def showStack(s):
  if len(s) != 0:
    print("Stack 的內容為：" + str(s))
  else:
    print("Stack 現在是空的！")


S = []
while True:
  x = int(input(" [STACK] 1. 加入數字 2. 取出數字 3. 查看 stack 4. 離開程式 || 請選擇功能："))
  if x == 1:
    addNumberToStack(S)
```

```
    elif x == 2.
        popNumberFromStack(S)
    elif x == 3:
        showStack(S)
    elif x == 4:
        break
```

以下是程式執行的結果：

[STACK] 1. 加入數字 2. 取出數字 3. 查看 stack 4. 離開程式 || 請選擇功能：1

請輸入要加進 stack 的數字：16

[STACK] 1. 加入數字 2. 取出數字 3. 查看 stack 4. 離開程式 || 請選擇功能：1

請輸入要加進 stack 的數字：88

[STACK] 1. 加入數字 2. 取出數字 3. 查看 stack 4. 離開程式 || 請選擇功能：1

請輸入要加進 stack 的數字：49

[STACK] 1. 加入數字 2. 取出數字 3. 查看 stack 4. 離開程式 || 請選擇功能：3

Stack 的內容為：[16, 88, 49]

[STACK] 1. 加入數字 2. 取出數字 3. 查看 stack 4. 離開程式 || 請選擇功能：2

從 stack 裡取出的數字為：49

[STACK] 1. 加入數字 2. 取出數字 3. 查看 stack 4. 離開程式 || 請選擇功

能：3

Stack 的內容為：[16, 88]

[STACK] 1. 加入數字 2. 取出數字 3. 查看 stack 4. 離開程式 || 請選擇功能：2

從 stack 裡取出的數字為：88

[STACK] 1. 加入數字 2. 取出數字 3. 查看 stack 4. 離開程式 || 請選擇功能：3

Stack 的內容為：[16]

[STACK] 1. 加入數字 2. 取出數字 3. 查看 stack 4. 離開程式 || 請選擇功能：2

從 stack 裡取出的數字為：16

[STACK] 1. 加入數字 2. 取出數字 3. 查看 stack 4. 離開程式 || 請選擇功能：3

Stack 現在是空的！

[STACK] 1. 加入數字 2. 取出數字 3. 查看 stack 4. 離開程式 || 請選擇功能：2

Stack 現在是空的！

[STACK] 1. 加入數字 2. 取出數字 3. 查看 stack 4. 離開程式 || 請選擇功能：4

例題 11.2 佇列 (Queue)

　　佇列也是一種資料結構，它的功能可以用排隊買票來形容，後來的人站在隊伍的後面，先來的人可以先買票，這是一種先進先出的資料結構。

圖 11.2 是一個佇列的例子。

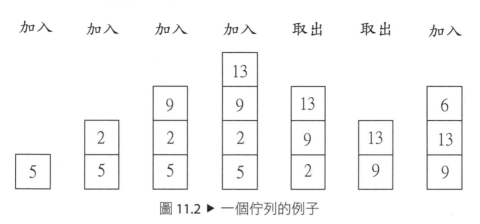

加入　　加入　　加入　　加入　　取出　　取出　　加入

圖 11.2 ▶ 一個佇列的例子

以下是佇列的程式。請注意，在 pop 執行以後，q(0) 就被移除了。

```
def addNumberToQueue(q):
    y = int(input("請輸入要加進 queue 的數字："))
    q.append(y)


def popNumberFromQueue(q):
    if len(q) != 0:
        y = q.pop(0)
        print("從 Queue 裡取出的數字為：" + str(y))
    else:
        print("Queue 現在是空的！")


def showQueue(q):
    if len(q) != 0:
        print("Queue 的內容為：" + str(q))
```

```python
    else:
        print("Queue 現在是空的！")


q = []
while True:
    x = int(input(" [Queue] 1. 加入數字 2. 取出數字 3. 查看 queue 4. 離開程式 || 請選擇功能："))
    if x == 1:
        addNumberToQueue(q)
    elif x == 2:
        popNumberFromQueue(q)
    elif x == 3:
        showQueue(q)
    elif x == 4:
        break
```

以下是程式執行的結果：

[Queue] 1. 加入數字 2. 取出數字 3. 查看 queue 4. 離開程式 || 請選擇功能：1
請輸入要加進 queue 的數字：16
[Queue] 1. 加入數字 2. 取出數字 3. 查看 queue 4. 離開程式 || 請選擇功能：1
請輸入要加進 queue 的數字：88
[Queue] 1. 加入數字 2. 取出數字 3. 查看 queue 4. 離開程式 || 請選擇功

能：1

請輸入要加進 queue 的數字：49

[Queue] 1. 加入數字 2. 取出數字 3. 查看 queue 4. 離開程式 || 請選擇功
能：3

Queue 的內容為：[16, 88, 49]

[Queue] 1. 加入數字 2. 取出數字 3. 查看 queue 4. 離開程式 || 請選擇功
能：2

從 Queue 裡取出的數字為：16

[Queue] 1. 加入數字 2. 取出數字 3. 查看 queue 4. 離開程式 || 請選擇功
能：3

Queue 的內容為：[88, 49]

[Queue] 1. 加入數字 2. 取出數字 3. 查看 queue 4. 離開程式 || 請選擇功
能：2

從 Queue 裡取出的數字為：88

[Queue] 1. 加入數字 2. 取出數字 3. 查看 queue 4. 離開程式 || 請選擇功
能：3

Queue 的內容為：[49]

[Queue] 1. 加入數字 2. 取出數字 3. 查看 queue 4. 離開程式 || 請選擇功
能：2

從 Queue 裡取出的數字為：49

[Queue] 1. 加入數字 2. 取出數字 3. 查看 queue 4. 離開程式 || 請選擇功
能：3

Queue 現在是空的！

[Queue] 1. 加入數字 2. 取出數字 3. 查看 queue 4. 離開程式 || 請選擇功
能：2

Queue 現在是空的！

[Queue] 1. 加入數字 2. 取出數字 3. 查看 queue 4. 離開程式 || 請選擇功能：4

例題 11.3　二元搜尋樹 Binary Search Tree

首先，我們要知道何謂樹，請看圖 11.3。這個資料結構中有一個循環，那就是 A→B→E→A。。我們如果從 A 出發，走到 B，再走到 E，我們就可以走回 A。這種有循環的資料結構不是樹。凡是沒有循環的資料結構就是樹。

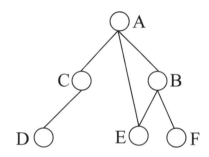

圖 11.3 ▶ 不是樹的資料結構

圖 11.4 內的資料結構是一個樹，因為它不含循環。

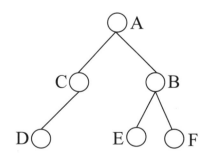

圖 11.4 ▶ 是樹的資料結構

圖 11.4 中，節點 C 和 B 都是節點 A 的子節點，節點 B 是節點 E 和 F 的交節點。

我們現在要介紹二元搜尋樹(binary search tree)。二元樹的條件如下：

(1) 二元搜尋樹有一個根(root) 節點，根節點沒有父節點。

(2) 二元搜尋樹的每一個節點(node, 或也可以叫做 vertex)，都只有不超過兩個子節點。

(3) 二元搜尋樹的每一個節點內存有一個數字，這個數字乃是這個節點的值(value)。

(4) 二元搜尋樹的每一個節點的值小於右子節點的值。

(5) 二元搜尋樹的每一個節點的值大於左子節點的值。

圖 11.5 內的樹是一個二元搜尋樹。

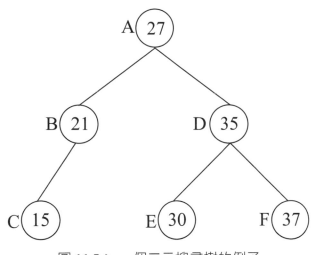

圖 11.5 ▶ 一個二元搜尋樹的例子

我們來檢驗一下圖 11.5 的資料結構是否符合二元搜尋樹的條件：

(1) 節點 A 是根節點，因為它沒有父節點。

(2) 每一節點的子節點沒有超過 2 個。

(3) 每一個節點內存有一個數字，B 節點內的數字是 21。

(4) 每一個節點的值小於右子節點的值，D 節點的值是 35，它的右子節點的值是 37，35<37。

(5) 每一個節點的值大於左子節點的值，A 節點的值是 27，它的左子節點的值是 21，27>21。

所以圖 11.5 中所顯示的的確是一個二元搜尋樹。

二元搜尋樹的建立

在下面，我們要解釋如何建築一個二元搜尋樹。我們假設輸入數字的順序如下：

29,34,15,13,31,45

對於這一個數列，二元搜尋樹的建造如圖 11.6 所示。

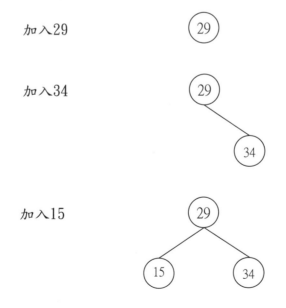

加入13

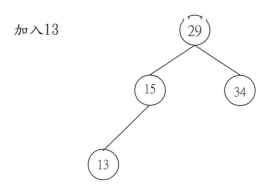

加入31

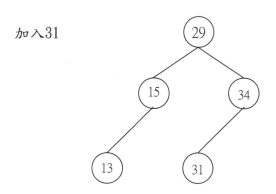

加入45

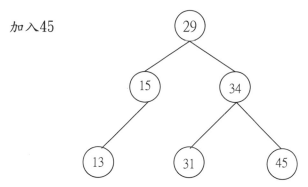

圖 11.6 ▶ 對應於 29,34,15,13,31,45 的二元搜尋樹

從圖 11.6 看來，二元搜尋樹是根據數列的順序而建立的。其規則如下：

(1) 第一個輸入的數字建立了樹的根。

(2) 任何一個後來輸入的數字要從樹的根開始比。

(3) 如果輸入的字比某一節點的值大，就和這一節點的右子節點比。

(4) 如果輸入的字比某一節點的值小，就和這一節點的左子節點比。

(5) 如果要和某節點的右子節點比，而這個節點沒有右子節點，新輸入的數字就成為這個節點的右節點。

(6)如果要和某節點的左子節點比，而這個節點沒有左子節點，新輸入的數字就成為這個節點的左節點。

為了使讀者更容易明瞭二元搜尋樹，我們將圖 11.6 的每一節點都按照數字輸入的順序編號，如圖 11.7 所示：

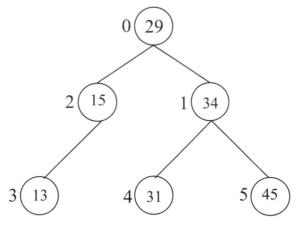

圖 11.7 ▶ 節點有編號的二元搜尋樹(輸入順序 29,34,15,13,31,45)

因為一個二元搜尋樹中的節點都有編號，我們可以將一個二元搜尋樹命名為 Tree，如此，Tree(0) 對應編號為 0 的節點，Tree(1) 對應編號為

0 的節點，也就是說，Tree(i) 對應編號為 i 的節點。

對於每一節點，我們必須記錄以下 4 項資料：

1. 節點的值。
2. 節點的編號。
3. 節點左子節點的編號。
4. 節點右子節點的編號。

每一節點 i 內因此有 4 部份：

1. 節點 i(0)= 節點的值。
2. 節點 i(1)= 節點的編號。
3. 節點 i(2)= 節點左子節點的編號。
4. 節點 i(3)= 節點右子節點的編號。

以圖 11.7 為例：

節點(0)=(29,0,2,1)

節點(1)=(34,1,4,5)

節點(2)=(15,2,3,None)

節點(3)=(13,3,None,None)

節點(4)=(31,4,None,None)

節點(5)=(45,5,None,None)

None 表示沒有節點。

問題是: 我們如何寫程式來表示這種節點呢?Python 語言是一種高階語言，我們可以用以下的指令：

x=[x1,x2,x3,x4]

執行了這個指令以後，我們會有以下的結果：

x[1]=x1

x[2]=x2

x[3]=x3

x[4]=x4

各位可以看出我們如何表示每一個節點了。有了能力表示節點，我們就可表示一棵樹了。樹是一個陣列，以圖 11.7 的樹來說，它是以下面的程式來表示的：

Tree[0]=[29, 0,2,1]

Tree[1]=[34, 1,4,5]

Tree[2]=[15, 2,3,None]

Tree[3]=[13,3,None,None]

Tree[4]=[31, 4,None,None]

Tree[5]=[45, 5,None,None]

從上面的表示方法，我們可以看出：

Tree[i]＝ 第 i 個節點。

二元搜尋樹的輸入

以下程式 insert(index, input_value, tree)是將一個數字 input_value 輸入二元搜尋樹 tree 的某一節點，這個節點的編號是 index。

```
def insert( index, input_value, tree):
    if input_value < tree[index][0]:
        if tree[index][2] != None:
            insert( tree[index][2], input_value, tree)
        else:
            newNode = [input_value, len(tree), None, None]
            tree.append(newNode)
            tree[index][2] = len(tree) - 1
    elif input_value > tree[index][0]:
        if tree[index][3] != None:
            insert(tree[index][3], input_value, tree)
        else:
            newNode = [input_value, len(tree), None, None]
            tree.append(newNode)
            tree[index][3] = len(tree) - 1
```

我們以一個例子來使大家可以瞭解 insert(index,input_value,tree) 如何
執行的。

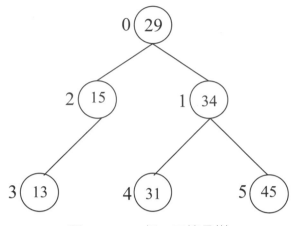

圖 11.8 ▶ 一個二元搜尋樹

　　請看圖 11.8，假設我們要加入 20，我們一定要從樹的根加入，所
以我們要執行 insert(0,20,tree)。

20<tree[0][0]=29，而且 tree[0][2] 不是 None, 表示 tree[0] 有左子節點，
tree[0][2]=2,所以我們要執行 insert(2,20,tree)。

20>tree[2][0]=15, 但 tree[2][3]=None，表示 tree[2] 沒有右子節點，我們要
使 tree[2] 有一個右子節點，這個節點是 newNode = [input_value, len(tree),
None, None]，到目前為止，len(tree) 是 6，所以這個新節點是
(20,6,None,None)。

產生了這個新節點以後，我們用 tree.append(newNode) 將此新節點放 tree
中。一旦加入了一個新節點，len[tree] 就是 7 了。

還有一個工作，那就是要在 tree[2] 內註明 tree[2] 有右子節點，因此我

們今 tree[2][3] 為 len[tree]-1=7-1=6。要注意，新加入節點的編號是 6。

加入 20 以後的二元搜尋樹在圖 11.9 內。

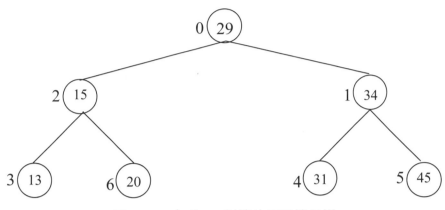

圖 11.9 ▶ 加入 20 以後的二元搜尋樹

而加入新資料後的樹表示如下：

Tree[0]=[29,0,2,1]

Tree[1]=[34,1,4,5]

Tree[2]=[15,2,3,6]

Tree[3]=[13,3,None,None]

Tree[4]=[31,4,None,None]

Tree[5]=[45,5,None,None]

Tree[6]=[20,6,None,None]

請注意，我們不僅加了一個新的節點，也修改了 Tree[2]。Tree[2] 原來是 [15,2,3,None]，現在是 [15, 2,3,6]，因為節點 [2] 現在有了右子樹。

二元搜尋樹的搜尋

二元搜尋樹的最大好處就是在於搜尋起來非常之快，們可以用例子來說明。請看圖 11-9。假設我們要搜尋 20 在不在樹裡面，我們的步驟如下：

(1) 比對根(tree[0])的值(29)，20<29, 比對 tree[0] 的左子節點(tree[2])的值。

(2) tree[2] 的值是 15,20>15, 比對 tree[2] 的右子節點(tree[6])的值。

(3) tree[6] 的值是 20，回傳"20 存在"。

圖 11.10 顯示搜尋 20 的過程。

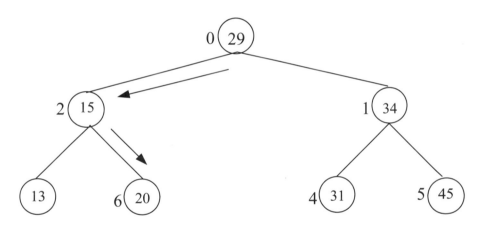

圖 11.10 ▶ 搜尋 20 的過程

我們再舉一個例子，假設我們要搜尋的數字是 48。

(1) 比對根(tree[0])的值(29)，48>29, 比對 tree[0] 的右子節點(tree[1])的值。

(2) tree[1] 的值是 34,48>34, 比對 tree[1] 的右子節點(tree[5])的值。

(3) tree[5] 的值是 45 不等於 48，但 tree[5] 無任何子節點，回傳"48 不存在"

圖 11.11 顯示搜尋 48 的過程。

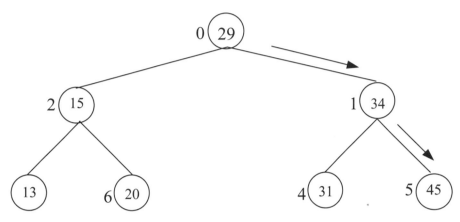

圖 11.11 ▶ 搜尋 48 的過程

以下是搜尋的副程式：

```
def searchValueFromTree(index, input_value, tree):
  print("NODE["+str(tree[index][1])+ "] 所儲存的數字為"+str(tree[index][0]))
  if input_value < tree[index][0]:
    print("尋找 NODE["+str(tree[index][1])+ "] 的 left child node:
NODE["+str(tree[index][2])+ "]")
    if tree[index][2] == None:
      print("NODE["+str(tree[index][1])+ "] 的 left child node 不存在... 找不到
" + str(input_value) + "這個數字！")
    else:
```

```python
    searchValueFromTree(tree[index][2], input_value, tree)
elif input_value > tree[index][0]:
    print("尋找 NODE["+str(tree[index][1])+ "] 的 right child node: NODE["+str(tree[index][3])+ "]")
    if tree[index][3] == None:
        print("NODE["+str(tree[index][1])+ "] 的 right child node 不存在... 找不到" + str(input_value) + "這個數字！ ")
    else:
        searchValueFromTree(tree[index][3], input_value, tree)
else:
    print(str(input_value) + "這個數字存在 tree 中(位置在 NODE["+str(tree[index][1])+ "]) ！ ")
```

二元搜尋樹的讀取資料

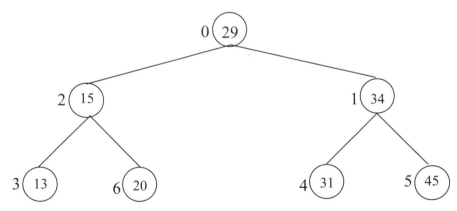

圖 11.12 ▶ 一顆二元搜尋樹

　　請看圖 11.12 的二元搜尋樹，我們要讀這顆樹裡面的數字，而且讀出來的時要按照大小排列，以圖 11-12 的二元搜尋樹而言，我們讀出來的順序應該是：

$$13,15,29,29,31,34,45$$

如何能做到這點呢？我們的演算法叫做中序搜尋(in-order search)，要解釋這個演算法，我們先要解釋何謂子樹。以圖 11.12 的二元搜尋樹為例，假設我們考慮節點 0，那麼圖 11.13 的樹是它的左子樹，而圖 11.14 的樹是它的右子樹。

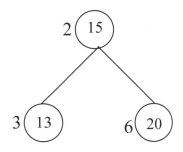

圖 11.13 ▶ 節點 0 的左子樹

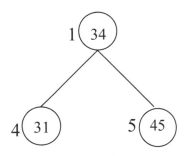

圖 11-14 ▶ 節點 0 的右子樹

我們寫了一個副程式，它的輸入參數是某一節點的編號以及某一棵二元搜尋樹，我們的副程式就對此一節點作一中序搜尋，它的演算法如圖 11.15 所示：

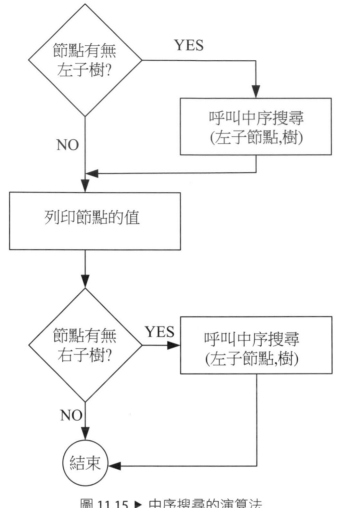

圖 11.15 ▶ 中序搜尋的演算法

　　從圖 11.15 的流程圖中，我們可以看出，只有在兩種情形下，中序搜尋才會列印一個節點內的值：

(1) 這個節點沒有左子節點，這表示這個節點內的值是最小的。

(2)這個節點的左子樹的中序搜尋已經結束，這表示比這個節點內的值更小的數字都已經列印了。

這個副程式如下：

```
def inorderShowTree(index, tree):
 if tree[index][2] != None:
  inorderShowTree(tree[index][2], tree)
 print("NODE["+str(tree[index][1])+ "] 所儲存的值為"+str(tree[index][0])+
", left child node 為 NODE["+str(tree[index][2])+ "], right child node 為
NODE["+str(tree[index][3])+ "]")
 if tree[index][3] != None:
  inorderShowTree(tree[index][3], tree)
```

我們現在舉一個例子來說明中序搜尋的演算法，請看圖 11.16。

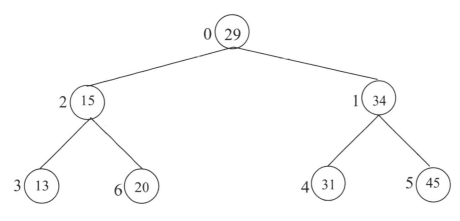

圖 11.16 ▶ 一顆二元搜尋樹

以圖 11.16 的樹為例，我們從節點 0 開始。

節點 0：因為節點 0 有左子樹，我們呼叫對節點 0 的左子樹節點 2 做中序搜尋。

節點 2：因為節點 2 有左子樹，我們呼叫對節點 2 的左子樹節點 3

做中序搜尋。

　　節點 3：因為節點 3 沒有左子樹，我們列印節點 3 的值 13。

　　　　　　因為節點 3 沒有右子樹，對節點 3 的中序搜尋已告結束。

回到節點 2。

　節點 2：節點 2 的左子樹節點 3 中序搜尋結束，印節點 2 的值 15。

　　　　　因為節點 2 有右子樹，我們呼叫對節點 2 的右子樹節點 6 做

　　　　　中序搜尋。

節點 6：因為節點 6 沒有左子樹，我們列印節點 6 的值 20。

　　　　　因為節點 6 沒有右子樹，對節點 6 的中序搜尋已告結束。

回到節點 2。

節點 2：節點 2 的右子樹節點 6 中序搜尋結束。

回到節點 0。

節點 0：節點 0 的左子樹節點 2 中序搜尋結束，印節點 0 的值 29。

　　　　　因為節點 0 有右子樹，我們呼叫對節點 0 的右子樹節點 1 做中

　　　　　序搜尋。

節點 1：因為節點 1 有左子樹，我們呼叫對節點 1 的左子樹節點 4 做中

　　　　　序搜尋。

節點 4：因為節點 4 沒有左子樹，我們列印節點 4 的值 31。

　　　　　因為節點 4 沒有右子樹，對節點 4 的中序搜尋已告結束。

回到節點 1。

節點 1：節點 1 的左子樹節點 4 中序搜尋結束，印節點 1 的值 34。

　　　　　因為節點 1 有右子樹，我們呼叫對節點 1 的右子樹節點 5 做中

　　　　　序搜尋。

節點 5：因為節點 5 沒有左子樹，我們列印節點 5 的值 45。

　　　　　因為節點 5 沒有右子樹，對節點 5 的中序搜尋已告結束。

回到節點 1。

節點 1：節點 1 的右子樹節點 5 中序搜尋結束。

回到節點 0。

節點 0：節點 0 的右子樹節點 1 中序搜尋結束。

我們印出的順序是：13、15、20、29、31、34、45。

....

全部程式如下：


```
def insert( index, input_value, tree):
 #若輸入的數字比此 node 所儲存的值還小,則針對 left child node
 if input_value < tree[index][0]:
   #若 left child node 存在,試著在 left sub-tree 中找到適合的位置插入輸入
的數字
   if tree[index][2] != None:
     insert( tree[index][2], input_value, tree)
   #若 left child node 不存在,將此 node 產生一個新的 left child node 並儲
存此輸入的數字
   else:
     #產生一個新的 node
     newNode = [input_value, len(tree), None, None]
     #將此新的 node 加入 tree 中
     tree.append(newNode)
     #tree[index][2] 記錄此新加入 node 的 index
     tree[index][2] = len(tree) - 1
```

```
      print("Add a new node NODE["+str(len(tree)-1)+ "] (which is the left child
node of NODE["+str(tree[index][1])+ "]).")
  #若輸入的數字比此 node 所儲存的值還大,則針對 right child node
  elif input_value > tree[index][0]:
    #若 left child node 存在,試著在 left sub-tree 中找到適合的位置插入輸入
的數字
    if tree[index][3] != None:
      insert(tree[index][3], input_value, tree)
    #若 right child node 不存在,將此 node 產生一個新的 right child node 並
儲存此輸入的數字
    else:
      #產生一個新的 node
      newNode = [input_value, len(tree), None, None]
      #將此新的 node 加入 tree 中
      tree.append(newNode)
      #tree[index][3] 記錄此新加入 node 的 index
      tree[index][3] = len(tree) - 1
      print("Add a new node NODE["+str(len(tree)-1)+ "] (which is the right
child node of NODE["+str(tree[index][1])+ "]).")


def searchValueFromTree(index, input_value, tree):
  print("NODE["+str(tree[index][1])+ "] 所儲存的數字為"+str(tree[index][0]))
  #若比此 node 所儲存的數字還小,則找 left sub-tree
  if input_value < tree[index][0]:
    print("尋找 NODE["+str(tree[index][1])+ "] 的 left child node:
```

```python
NODE["+str(tree[index][2])+ "]")

    if tree[index][2] == None:

      print("NODE["+str(tree[index][1])+ "] 的 left child node 不存在... 找不到
" + str(input_value) + "這個數字！ ")

    else:

      searchValueFromTree(tree[index][2], input_value, tree)
  #若比此 node 所儲存的數字還大,則找 right sub-tree
  elif input_value > tree[index][0]:

    print("尋找 NODE["+str(tree[index][1])+ "] 的 right child node:
NODE["+str(tree[index][3])+ "]")

    if tree[index][3] == None:

      print("NODE["+str(tree[index][1])+ "] 的 right child node 不存在... 找不
到" + str(input_value) + "這個數字！ ")

    else:

      searchValueFromTree(tree[index][3], input_value, tree)
  #此 node 所儲存的數字與 input value 相同
  else:

    print(str(input_value) + "這個數字存在 tree 中(位置在
NODE["+str(tree[index][1])+ "]) ！ ")


def inorderShowTree(index, tree):

  if tree[index][2] != None:

    inorderShowTree(tree[index][2], tree)

  print("NODE["+str(tree[index][1])+ "] 所儲存的值為"+str(tree[index][0])+
", left child node 為 NODE["+str(tree[index][2])+ "], right child node 為
```

```python
        NODE["+str(tree[index][3])+ "]")
  if tree[index][3] != None:
    inorderShowTree(tree[index][3], tree)


T = []
while True:
  x = int(input(" [Tree] 1. 加入數字 2. 搜尋數字 3. 中序查看 Tree 4. 離開程
式 || 請選擇功能："))
  if x == 1:
   y = int(input("請輸入要加入的數字："))
   if len(T) == 0:
     #root[0] 代表 data, root[1] 代表左 child 的 index, root[2] 代表右 child 的
index
     root = [y, len(T), None, None]
     T.append(root) #將此 node 加入 binary tree T 中
   else:
     #試著找到適合的地方, 將輸入的數字插入
     insert(0, y, T)
  elif x == 2:
   y = int(input("請輸入要搜尋的數字："))
   print("從 NODE["+str(T[0][1]) + "] 開始尋找... ")
   searchValueFromTree(0, y, T)
  elif x == 3:
   inorderShowTree(0, T)
  elif x == 4:
```

break

以下是程式執行的結果：

[Tree] 1. 加入數字 2. 搜尋數字 3. 中序查看 Tree 4. 離開程式 || 請選擇功能：1
請輸入要加入的數字：16

[Tree] 1. 加入數字 2. 搜尋數字 3. 中序查看 Tree 4. 離開程式 || 請選擇功能：1
請輸入要加入的數字：88
　加入新 node: NODE[1] (此 node 為 NODE[0] 的 right child node)

[Tree] 1. 加入數字 2. 搜尋數字 3. 中序查看 Tree 4. 離開程式 || 請選擇功能：1
請輸入要加入的數字：49
　加入新 node: NODE[2] (此 node 為 NODE[1] 的 left child node)

[Tree] 1. 加入數字 2. 搜尋數字 3. 中序查看 Tree 4. 離開程式 || 請選擇功能：1
請輸入要加入的數字：8
　加入新 node: NODE[3] (此 node 為 NODE[0] 的 left child node)

[Tree] 1. 加入數字 2. 搜尋數字 3. 中序查看 Tree 4. 離開程式 || 請選擇功能：1

請輸入要加入的數字：65

　加入新 node: NODE[4] (此 node 為 NODE[2] 的 right child node)

[Tree] 1. 加入數字 2. 搜尋數字 3. 中序查看 Tree 4. 離開程式 || 請選擇功能：1

請輸入要加入的數字：99

　加入新 node: NODE[5] (此 node 為 NODE[1] 的 right child node)

[Tree] 1. 加入數字 2. 搜尋數字 3. 中序查看 Tree 4. 離開程式 || 請選擇功能：1

請輸入要加入的數字：4

　加入新 node: NODE[6] (此 node 為 NODE[3] 的 left child node)

[Tree] 1. 加入數字 2. 搜尋數字 3. 中序查看 Tree 4. 離開程式 || 請選擇功能：2

請輸入要搜尋的數字：10

　從 NODE[0] 開始尋找...

　NODE[0] 所儲存的數字為 16

　尋找 NODE[0] 的 left child node: NODE[3]

　NODE[3] 所儲存的數字為 8

　尋找 NODE[3] 的 right child node: NODE[None]

　NODE[3] 的 right child node 不存在... 找不到 10 這個數字！

[Tree] 1. 加入數字 2. 搜尋數字 3. 中序查看 Tree 4. 離開程式 || 請選擇功能：2

請輸入要搜尋的數字：8

從 NODE[0] 開始尋找...

NODE[0] 所儲存的數字為 16

尋找 NODE[0] 的 left child node: NODE[3]

NODE[3] 所儲存的數字為 8

8 這個數字存在 tree 中(位置在 NODE[3]) ！

[Tree] 1. 加入數字 2. 搜尋數字 3. 中序查看 Tree 4. 離開程式 || 請選擇功能：3

　NODE[6] 所儲存的值為 4, left child node 為 NODE[None], right child node 為 NODE[None]

　NODE[3] 所儲存的值為 8, left child node 為 NODE[6], right child node 為 NODE[None]

　NODE[0] 所儲存的值為 16, left child node 為 NODE[3], right child node 為 NODE[1]

　NODE[2] 所儲存的值為 49, left child node 為 NODE[None], right child node 為 NODE[4]

　NODE[4] 所儲存的值為 65, left child node 為 NODE[None], right child node 為 NODE[None]

　NODE[1] 所儲存的值為 88, left child node 為 NODE[2], right child node 為 NODE[5]

　NODE[5] 所儲存的值為 99, left child node 為 NODE[None], right child node 為 NODE[None]

[Tree] 1. 加入數字 2. 搜尋數字 3. 中序查看 Tree 4. 離開程式 || 請選擇功能：4

程式執行後會形成的 Tree：

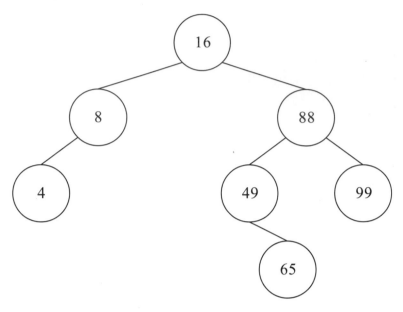

程式範例 Array 的儲存情況：

Index	0	1	2	3	4	5	6
Data	16	88	49	8	65	99	4
Left child	3	2	None	6	None	None	None
Right child	1	5	4	None	None	None	None

12
Chapter

借書系統

這個借書系統有以下的功能：

<1>新增借閱證
<2>新增書籍
<3>查詢借閱證
<4>查詢書籍
<5>借書
<6>還書
<7>離開系統

在這個系統中，我們要使用電腦中常用的資料儲存方式-配置
(configuration)來管理借書者、書籍及借書等資料，第一個配置是有關借
書者，以下就是這個借書者配置資料的一個例子：

[24315050]
name = 阿方
email = kerorore@gmail.com

[24315991]
name = 老劉
email = ky6@gmail.com

[0912555777]
name = 老王

email = kk@gg.com

我們可以從上面資料配置看出，每一位借書者的資料如下：

1. 電話號碼
2. 姓名
3. 郵電地址

在配置的資料結構中，我們把每一筆借書者的電話號碼、姓名及郵電地址稱為是一個資料區段(section)。並利用電話號碼當成每個資料區段的唯一識別碼(identifier)，所以不能重複。基於這個設計，我們就可以透過電話號碼來搜尋借書者的資料。

為了管理方便，我們將借書者配置資料儲存在檔案 userdata.ini 中，之後可以透過程式碼輕易的存取這個檔案的內容。

請注意 ini 這種檔案的內容一定要符合配置的格式，對寫程式者而言，用 txt 也可以的。

我們還有一個有關書籍的配置，以下就是這個書籍配置資料的例子：

[0000122]
title = 追孩子的風箏
press = 南二
storage = 5

[0022333]
title = 賣火柴的小女孩
press = 光田
storage = 1

[001122]
title = 魔法石
press = 靜宜
storage = 1

　　這個配置的資料區段是以書的 ISBN 編號為唯一識別碼，每一本書的資料如下：

1. ISBN 編號
2. 書名
3. 出版商
4. 圖書館內書的數量

　　同樣的，我們將書籍配置資料存放在另外一個檔案 books.ini 內，以方便資料的管理。

　　最後一個配置，是有關借書記錄的資料，我們利用「書的 ISBN 編號_借書者電話號碼」當唯一識別碼，用以記錄目前的借書狀況。以下為借書資料的配置範例：

[0000122_24315991]
amount = 2

[0022333_0912555777]
amount = 1

我們可以看出這個配置資料結構如下：

1. 書的 ISBN 編號 _ 借書者電話號碼
2. 所借書的數目

同樣的，我們也個別將這些記錄儲存在檔案 records.ini 中。

......

介紹完配置的概念後，在這個系統的實作中，我們還用到一些新的指令，以下將逐一說明：

```
try:
  A
except:
  B
```

此為程式語言常用的例外處理結構，在 Python 中語法如上所示。例外處理主要是針對程式執行過程中，可能遭遇的不可預期錯誤進行處理（例如：讀取檔案資料時，該檔案不存在），以避免程式被強制中斷。

上述程式的運作邏輯如下：在 try 指令的下面有 A 程式，若 A 程式的執行出現問題，作業系統不會中止程式的執行，而是繼續執行 except 後面的 B 程式。

我們舉一個實際的例子來說明：

```
try:
  5/0
except:
  print("運算式不可除以 0")
```

在這個例子中，若沒有 try...except 的例外處理，當程式執行 5/0 時，畫面便會顯示"Cannot divide by zero"的錯誤訊息並強制中斷程式的執行。一旦加上例外處理機制後，程式可以印出「運算式不可除以 0」的訊息，並繼續執行，而不會被強制中斷。這個機制對系統使用者來說是個善意的設計，而身為系統開發人員更應該針對使用者經驗進行系統的規劃。

---

config.add_section

這個指令可以讓你增加一個資料區段(section)。譬如你要增加一位借書者，你可以用以下的指令，因為借書者以他的電話號碼為唯一識別碼。

config.add_section(phone)

　　如果你要增加一本書，你可以用以下的指令，因為每本書都以它的ISBN 編號為資料區段的唯一識別碼。

config.add_section(ISBN)

---

config.set

　　假如你已加入某借書者的資料區段，並以電話號碼為唯一識別碼，現在要加入他的名字，可以用以下的指令：

config.set(phone, "name", name)

　　假如你要從檔案中讀取配置(configuration)的資料，可以用以下的指令，其中 source 代表所要開啟的資料檔案：

config.read(source)

---

config.get

　　假如你要讀入借書者資料，也知道某借書者的電話號碼，就可以用以下的指令得到這位借書者的名字。

config.read("userdata.ini")

```
name = config.get(phone, "name")
```

config.remove_section

　　將已知唯一識別碼的資料區段移除。如以下程式，會將已知的借書者資料全部清除。

```
config.remove_section(phone)
```

config.write

　　把組織好的資料區段寫入配置檔案中。如以下程式，會將資料寫入到 userdata.ini 檔案中。

```
f = open("userdata.ini","a") ##以附加模式(a: append)開啟檔案
config.write(f) ##將資料附加到原有檔案資料的後面
```

　　以下則是一些副程式的解釋，有些基本語法先前章節已說明過，在此便不多加解釋。

```
import configparser ##匯入配置資料的函式庫
```

　　以下是產生一個配置的副程式。

```
def setting():
```

```
## 產生 config 物件
config = configparser.ConfigParser()
return config
```

假如我們的配置資料存放在某個檔案中，若我們要看這個檔案內究竟有沒有某一個指定的資料區段，我們就可以用以下的副程式：

```
def search_section(section, source):
    ## 查詢指定資料區段(書籍 or 用戶)
    config = setting()
    config.read(source) ##source 為存放資料的檔案名稱
    try:
        if config.has_section(section): ##判斷資料區段是否存在於目
前的配置中
            return "exists"
        else:
            return "empty"
    except:
        return "empty"
```

以下副程式則是增加新的借書者資料。首先利用唯一識別碼：電話號碼創建資料區段，然後加入姓名和電郵信箱，利用附加模式打開 userdata.ini 檔案，將這個新借書者資料區段附加到 userdata.ini 檔案內。

```
def add_member(name, phone, email):
```

```
## 新增借書者資料
config = setting() ##取得配置物件
config.add_section(phone) ##利用電話號碼創建資料區段
config.set(phone, "name", name) ##設定借書者姓名
config.set(phone, "email", email) ##設定借書者電郵信箱
f = open("userdata.ini","a") ##以附加模式開啟 userdata.ini 檔案
config.write(f) ##把資料區段附加到檔案後面
```

以下副程式則是實作搜尋借書者名字和電郵信箱的功能，這個副程式先從 userdata.ini 讀取資料，然後利用借書者電話號碼得到姓名與電郵信箱。

```
def search_member(phone):
    ## 搜尋借書者資料
    config = setting()
    config.read("userdata.ini") ##讀取 userdata.ini 的配置資料
    name = config.get(phone, "name") ##以電話號碼為識別碼取得姓名
    email = config.get(phone, "email") ##以電話號碼為識別碼取得電郵信箱
    info = {"姓名: ":name, "信箱: ":email} ##將資料組合成 JSON 格式
    return info ##回傳資料內容
```

以下是增加書籍的副程式，第一件工作是加一個以 ISBN 編號為識別碼的資料區段，然後在此區段下加入書的其他資訊。最後要將這本書的資料附加到 books.ini 檔案中。

```
def add_book(ISBN, title, press, storage):
    ## 新增書籍
    config = setting()
    config.add_section(ISBN) ##增加以 ISBN 為識別碼的資料區段
    config.set(ISBN, "title", title) ##設定書籍名稱
    config.set(ISBN, "press", press) ##設定出版社
    config.set(ISBN, "storage", storage) ##設定庫存量
    f = open("books.ini", "a") ##以附加模式開啟 books.ini 檔案
    config.write(f) ##將書籍資料附加到檔案後面
```

以下副程式則是利用某本書的 ISBN 編碼搜尋這本書的資料：

```
def search_book(ISBN):
    ## 搜尋書籍
    config = setting()
    config.read("books.ini") ##讀取 books.ini 的配置資料
    title = config.get(ISBN, "title") ##以 ISBN 為識別碼取得書籍名稱
    press = config.get(ISBN, "press") ##以 ISBN 為識別碼取得出版社
    storage = config.get(ISBN, "storage") ##以 ISBN 為識別碼取得庫存量
    info = {"書名: ":title, "出版社: ":press, "可借數量: ":storage} ##組合
JSON 格式
    return info ##回傳書籍資料
```

以下是借還書的副程式，這個副程式有四個輸入變數：

1. ISBN(書的 ISBN 編碼)
2. num(借或還書的數量)
3. rid(這是 record identification 的縮寫，是借書資料配置(records.ini)的唯一識別碼，由"ISBN 編號 _ 借書者電話號碼"所組成)
4. pattern(借或還)

舉例來說，以下可以是這四個變數：

1. ISBN=0000122
2. num=1
3. rid=0000122_24315991
4. pattern=borrow

這個副程式首先建立兩個配置：

1. config_b(與書有關，從 books.ini 檔案得到)
2. config_r(與借還書記錄有關，從 records.ini 檔案得到)

如果 pattern 是 borrow，則要做以下的事：

1. 書(ISBN) 的 storage 要減少，程式中有

left=storage-num

 storage=left

這個新的 storage 要送給 config_b 進行資料配置更新。程式中有

    config_b.set(ISBN, "storage", str(left)) ##以 ISBN 為識別碼設定成新的庫存量

    f2 = open("books.ini", "w") ##以覆寫模式(w: write)開啟 books.ini 檔案

config_b.write(f2) ##將原來庫存資料覆寫成新的

2. 借閱書籍數量要增加(在此假設借閱的書籍之前已有借過，故將借閱數量進行更新)。程式中有

    amount = int(config_r.get(rid, "amount")) ##讀取之前該書籍所借閱的數量

        amount = str(amount + num) ##將之前的借閱數量加上新的借閱數量

        config_r.set(rid, "amount", amount) ##設定新的借閱數量

f1 = open("records.ini", "w") ##以覆寫模式開啟 records.ini 檔案

        config_r.write(f1) ##將原有資料更新

        如果 pattern 不是 borrow，邏輯類似，只是加法變成了減法，減法變成了加法而已，以下是副程式 manager 的程式：

```python
def manager(ISBN, num, rid, pattern):
    ## 借還書
    config_b = setting()
    config_b.read("books.ini")
    config_r = setting()
    config_r.read("records.ini")
    storage = int(config_b.get(ISBN, "storage"))

    if pattern == "borrow":
```

```python
        left = storage - num
        if storage > 0 and left >= 0:
            x = search_section(rid, "records.ini") ##借閱資料是否存在配置資料中
            if x == "exists": ##如果借閱資料已存在
                ##針對數量做修改
                amount = int(config_r.get(rid, "amount"))
                amount = str(amount + num)
                config_r.set(rid, "amount", amount)
            else: ##借閱資料不存在，為新的書籍借閱紀錄
                config_r.add_section(rid)
                config_r.set(rid, "amount", str(num))

            f1 = open("records.ini", "w")
            config_r.write(f1)

            config_b.set(ISBN, "storage", str(left))
            f2 = open("books.ini", "w")
            config_b.write(f2)
            return "success"
        else: ##庫存量不足以讓借書者借閱
            return "lack"
    else: ##還書
        x = search_section(rid, "records.ini")
        if x == "exists":
            amount = int(config_r.get(rid, "amount"))
            a_left = amount – num ##還書後剩餘的數量
            if a_left == 0: ##全部歸還
                config_r.remove_section(rid) ##將資料區段移除
            elif a_left > 0: ##尚未還清
                config_r.set(rid, "amount", str(a_left)) ##設定借閱的數量
            elif a_left < 0: ##借還書的數量不符
                return "lack" ##回傳並跳過以下程式

            f1 = open("records.ini", "w")
            config_r.write(f1)

            s_left = storage + num ##還書後，庫存量將更新
            config_b.set(ISBN, "storage", str(s_left))
```

```python
            f2 = open("books.ini", "w")
            config_b.write(f2)
            return "success"
        else: ##之前沒借過該書籍，不能執行還書功能
            return "failed"
```

以下為完整的主程式內容，配合上述介紹的各副程式的運作，實作簡易的圖書借閱管理系統。

```python
def main():
    while True:
        try:
            ## 功能選擇
            print("--------Hyper Automatic Library System--------")
            print("歡迎來到自動化圖書借閱系統")
            print("<1>新增借閱證")
            print("<2>新增書籍")
            print("<3>查詢借閱證")
            print("<4>查詢書籍")
            print("<5>借書")
            print("<6>還書")
            print("<7>離開系統")
            print("請選擇欲使用之功能: ")
            mode = int(input())
            if mode == 1:
                while True:
                    print("請輸入您的電話號碼: ")
                    phone = input()
                    if phone.upper() == "N":
                        print("-------------------------")
                        break
                    x = search_section(phone, "userdata.ini")
                    if x == "exists":
                        print("-----------------------------")
                        print("已存在重複的卡號，請重新輸入(輸入<N>回到主選
                            單)。")
                        print("-----------------------------")
                        continue
```

```python
                else:
                    print("請輸入您的姓名: ")
                    name = input()
                    print("請輸入您的信箱: ")
                    mail = input()
                    add_member(name, phone, mail)
                    print("--------------------------")
                    print("新增成功，歡迎使用本系統。")
                    print("--------------------------")
                    break
        elif mode == 2:
            while True:
                print("請輸入欲新增之書籍編號(ISBN): ")
                ISBN = input()
                if ISBN.upper() == "N":
                    print("--------------------------")
                    break
                x = search_section(ISBN, "books.ini")
                if x == "exists":
                    print("------------------------------")
                    print("書籍資料已存在，請重新輸入(輸入<N>回到主選
                        單)。")
                    print("------------------------------")
                    continue
                else:
                    print("請輸入書名: ")
                    title = input()
                    print("請輸入出版社: ")
                    press = input()
                    print("請輸入數量: ")
                    storage = input()
                    add_book(ISBN, title, press, storage)
                    print("--------------------------")
                    print("新增書籍成功。")
                    print("--------------------------")
                    break

        elif mode == 3:
```

```
while True:
    print("請輸入欲查詢之卡號(電話號碼): ")
    phone = input()
    if phone.upper() == "N":
        print("------------------------")
        break
    x = search_section(phone, "userdata.ini")
    if x == "exists":
        info = search_member(phone)
        ## 印出 info 內的所有 key-value 物件
        for key, value in info.items():
            print(key, value)
        print("------------------------")
        break
    else:
        print("------------------------")
        print("查無此卡號，請重新輸入(輸入<N>回到主選單)。")
        print("------------------------")
        continue

elif mode == 4:
    while True:
        print("請輸入欲查詢之書籍編號(ISBN): "),
        ISBN = input()
        if ISBN.upper() == "N":
            print("------------------------")
            break
        x = search_section(ISBN, "books.ini")
        if x == "exists":
            info = search_book(ISBN)
            ## 印出 info 內的所有 key-value 物件
            for key, value in info.items():
                print(key, value)
            print("------------------------")
            break
        else:
            print("------------------------")
            print("查無此書籍，請重新輸入(輸入<N>回到主選單)。")
```

```python
                print("------------------------")
                continue

        elif mode == 5 or mode == 6:
            while True:
                print("請輸入卡號(電話號碼): ")
                phone = input()
                if phone.upper() == "N":
                    print("------------------------")
                    break
                x = search_section(phone, "userdata.ini")
                if x == "exists":
                    while True:
                        print("請輸入書籍編號(ISBN): ")
                        ISBN = input()
                        if ISBN.upper() == "N":
                            print("------------------------")
                            break
                        y = search_section(ISBN, "books.ini")
                        if y == "exists":
                            while True:
                                if mode == 5:
                                    print("請輸入欲借數量: ")
                                else:
                                    print("請輸入欲還數量: ")
                                num = input()
                                if num.upper() == "N":
                                    print("------------------------")
                                    break
                                try:
                                    num = int(num)
                                    ## 輸入檢查，如果數字是 0 or 負數 or 小
                                    ##   數，不能用 regex 只好 hardcode
                                    if int(num) == 0 or str(num).find("-") > 0 or
                                    str(num).find(".") > 0:
                                        raise Exception("err")
                                except:
                                    print("------------------------")
```

```python
                print("數量格式有誤，請重新輸入(輸入
                        <N>回到主選單)。")
                print("------------------------")
                continue

            rid = ISBN+"_"+phone
            if mode == 5:
                y = manager(ISBN, num, rid, "borrow")
            else:
                y = manager(ISBN, num, rid, "returning")
            if y == "success":
                print("----------")
                print("操作成功。")
                print("----------")
                break
            elif y == "failed":
                print("------------------------")
                print("無此紀錄，請重新輸入(輸入<N>
                        回到主選單)。")
                print("------------------------")
                break
            else:
                print("------------------------")
                print("剩餘數量不足，請重新輸入(輸入
                        <N>回到主選單)。")
                print("------------------------")
                continue
        break
    else:
        print("------------------------")
        print("查無此書籍，請重新輸入(輸入<N>回到主
                選單)。")
        print("------------------------")
        continue
    break
else:
    print("------------------------")
    print("查無此卡號，請重新輸入(輸入<N>回到主選單)。")
```

```
                    print("------------------------")
                    continue
            elif mode == 7:
                print("謝謝使用，歡迎下次光臨 ^_^。")
                break
            else:
                raise Exception("err")
        except Exception as e:
            print(e)
            print("----------------------")
            print("無此功能，請重新選擇。")
            print("----------------------")
main()
```

以下是全部程式：

```
import configparser

def setting():
    ## 產生 config 物件
    config = configparser.ConfigParser()
    return config

def search_section(section, source):
    ## 查詢指定欄位資料(書 or 用戶)
    config = setting()
    config.read(source)
    try:
        if config.has_section(section):
            return "exists"
        else:
            return "empty"
    except:
        return "empty"

def add_member(name, phone, email):
    ## 新增借閱證
    config = setting()
```

```python
        config.add_section(phone)
        config.set(phone, "name", name)
        config.set(phone, "email", email)
        f = open("userdata.ini","a")
        config.write(f)

def search_member(phone):
        ## 搜尋借閱證
        config = setting()
        config.read("userdata.ini")
        name = config.get(phone, "name")
        email = config.get(phone, "email")
        info = {"姓名":name, "信箱: ":email}
        return info

def add_book(ISBN, title, press, storage):
        ## 新增書籍
        config = setting()
        config.add_section(ISBN)
        config.set(ISBN, "title", title)
        config.set(ISBN, "press", press)
        config.set(ISBN, "storage", storage)
        f = open("books.ini", "a")
        config.write(f)

def search_book(ISBN):
        ## 搜尋書籍
        config = setting()
        config.read("books.ini")
        title = config.get(ISBN, "title")
        press = config.get(ISBN, "press")
        storage = config.get(ISBN, "storage")
        info = {"書名: ":title, "出版社: ":press, "可借數量: ":storage}
        return info

def manager(ISBN, num, rid, pattern):
        ## 借還書
        config_b = setting()
```

```
config_b.read("books.ini")
config_r = setting()
config_r.read("records.ini")
storage = int(config_b.get(ISBN, "storage"))

if pattern == "borrow":
    left = storage - num
    if storage > 0 and left >= 0:
        x = search_section(rid, "records.ini")
        if x == "exists":
            ##針對數量做修改
            amount = int(config_r.get(rid, "amount"))
            amount = str(amount + num)
            config_r.set(rid, "amount", amount)
        else:
            ##新紀錄
            config_r.add_section(rid)
            config_r.set(rid, "amount", str(num))

        f1 = open("records.ini", "w")
        config_r.write(f1)

        config_b.set(ISBN, "storage", str(left))
        f2 = open("books.ini", "w")
        config_b.write(f2)
        return success"
    else:
        return "lack"
else:
    x = search_section(rid, "records.ini")
    if x == "exists":
        amount = int(config_r.get(rid, "amount"))
        a_left = amount - num
        if a_left == 0:
            config_r.remove_section(rid)
        elif a_left > 0:
            config_r.set(rid, "amount", str(a_left))
        elif a_left < 0:
```

```python
                return "lack"

            f1 = open("records.ini", "w")
            config_r.write(f1)

            s_left = storage + num
            config_b.set(ISBN, storage", str(s_left))
            f2 = open("books.ini", "w")
            config_b.write(f2)
            return "success"
        else:
            return "failed"

def main():
    while True:
        try:
            ## 功能選擇
            print("--------Hyper Automatic Library System--------")
            print("歡迎來到自動化圖書借閱系統")
            print("<1>新增借閱證")
            print("<2>新增書籍")
            print("<3>查詢借閱證")
            print("<4>查詢書籍")
            print("<5>借書")
            print("<6>還書")
            print("<7>離開系統")
            print("請選擇欲使用之功能: ")
            mode = int(input())
            if mode == 1:
                while True:
                    print("請輸入您的電話號碼: ")
                    phone = input()
                    if phone.upper() == "N":
                        print("------------------------")
                        break
                    x = search_section(phone, "userdata.ini")
                    if x == "exists":
                        print("------------------------------")
```

```python
                print("已存在重複的卡號，請重新輸入(輸入<N>回到主選
                    單)。")
                print("-----------------------------")
                continue
            else:
                print("請輸入您的姓名: ")
                name = input()
                print("請輸入您的信箱: ")
                mail = input()
                add_member(name, phone, mail)
                print("--------------------------")
                print("新增成功，歡迎使用本系統。")
                print("--------------------------")
                break
    elif mode == 2:
        while True:
            print("請輸入欲新增之書籍編號(ISBN): ")
            ISBN = input()
            if ISBN.upper() == "N":
                print("-------------------------")
                break
            x = search_section(ISBN, "books.ini")
            if x == "exists":
                print("-------------------------------")
                print("書籍資料已存在，請重新輸入(輸入<N>回到主選
                    單)。")
                print("-------------------------------")
                continue
            else:
                print("請輸入書名: ")
                title = input()
                print("請輸入出版社: ")
                press = input()
                print("請輸入數量: ")
                storage = input()
                add_book(ISBN, title, press, storage)
                print("--------------------------")
                print("新增書籍成功。")
```

```python
            print("--------------------------")
            break


elif mode == 3:
    while True:
        print("請輸入欲查詢之卡號(電話號碼): ")
        phone = input()
        if phone.upper() == "N":
            print("------------------------")
            break
        x = search_section(phone, "userdata.ini")
        if x == "exists":
            info = search_member(phone)
            ## 印出 info 內的所有 key-value 物件
            for key, value in info.items():
                print(key, value)
            print("------------------------")
            break
        else:
            print("------------------------")
            print("查無此卡號，請重新輸入(輸入<N>回到主選單)。")
            print("------------------------")
            continue


elif mode == 4:
    while True:
        print("請輸入欲查詢之書籍編號(ISBN): "),
        ISBN = input()
        if ISBN.upper() == "N":
            print("------------------------")
            break
        x = search_section(ISBN, "books.ini")
        if x == "exists":
            info = search_book(ISBN)
            ## 印出 info 內的所有 key-value 物件
            for key, value in info.items():
                print(key, value)
            print("------------------------")
```

```python
                        break
                else:
                        print("------------------------")
                        print("查無此書籍，請重新輸入(輸入<N>回到主選單)。")
                        print("------------------------")
                        continue

    elif mode == 5 or mode == 6:
        while True:
                print(請輸入卡號(電話號碼): ")
                phone = input()
                if phone.upper() == "N":
                        print("------------------------")
                        break
                x = search_section(phone, "userdata.ini")
                if x == "exists":
                        while True:
                                print("請輸入書籍編號(ISBN): ")
                                ISBN = input()
                                if ISBN.upper() == "N":
                                        print("------------------------")
                                        break
                                y = search_section(ISBN, "books.ini")
                                if y == "exists":
                                        while True:
                                                if mode == 5:
                                                        print("請輸入欲借數量: ")
                                                else:
                                                        print("請輸入欲還數量: ")
                                                num = input()
                                                if num.upper() == "N":
                                                        print("------------------------")
                                                        break
                                                try:
                                                        num = int(num)
                                                        ## 輸入檢查，如果數字是 0 or 負數 or 小
                                                        數，不能用 regex 只好 hardcode
                                                        if int(num) == 0 or str(num).find("-") > 0 or
                                                        str(num).find(".") > 0:
```

```python
                raise Exception("err")
            except:
                print("------------------------")
                print("數量格式有誤，請重新輸入(輸入
                    <N>回到主選單)。")
                print("------------------------")
                continue

            rid = ISBN+"_"+phone
            if mode == 5:
                y = manager(ISBN, num, rid, "borrow")
            else:
                y = manager(ISBN, num, rid, "returning")
            if y == "success":
                print("-----------")
                print("操作成功。")
                print("-----------")
                break
            elif y == "failed":
                print("------------------------")
                print("無此紀錄，請重新輸入(輸入<N>
                    回到主選單)。")
                print("------------------------")
                break
            else:
                print("------------------------")
                print("剩餘數量不足，請重新輸入(輸入
                    <N>回到主選單)。")
                print("------------------------")
                continue
    break
else:
    print("------------------------")
    print("查無此書籍，請重新輸入(輸入<N>回到主
        選單)。")
    print("------------------------")
    continue
```

```
                        break
                    else:
                        print("------------------------")
                        print("查無此卡號，請重新輸入(輸入<N>回到主選單)。")
                        print("------------------------")
                        continue
                elif mode == 7:
                    print("謝謝使用，歡迎下次光臨 ^_^。")
                    break
                else:
                    raise Exception("err")
            except Exception as e:
                print(e)
                print("----------------------")
                print("無此功能，請重新選擇。")
                print("----------------------")
main()
```

以下是程式執行的例子：

--------Hyper Automatic Library System--------
歡迎來到自動化圖書借閱系統
<1>新增借閱證
<2>新增書籍
<3>查詢借閱證
<4>查詢書籍
<5>借書
<6>還書
<7>離開系統
請選擇欲使用之功能:
1
請輸入您的電話號碼:
0901234567
請輸入您的姓名:
張三
請輸入您的信箱:
three@xxx.edu.tw

新增成功，歡迎使用本系統。

-------Hyper Automatic Library System-------

歡迎來到自動化圖書借閱系統

<1>新增借閱證

<2>新增書籍

<3>查詢借閱證

<4>查詢書籍

<5>借書

<6>還書

<7>離開系統

請選擇欲使用之功能:

2

請輸入欲新增之書籍編號(ISBN):

004321

請輸入書名:

會寫 Python 的好處

請輸入出版社:

清華

請輸入數量:

3

新增書籍成功。

-------Hyper Automatic Library System-------

歡迎來到自動化圖書借閱系統

<1>新增借閱證

<2>新增書籍

<3>查詢借閱證

<4>查詢書籍

<5>借書

<6>還書

<7>離開系統

請選擇欲使用之功能:

3

請輸入欲查詢之卡號(電話號碼):

0901234567

姓名: 張三

信箱: three@xxx.edu.tw

-------Hyper Automatic Library System--------
歡迎來到自動化圖書借閱系統
<1>新增借閱證
<2>新增書籍
<3>查詢借閱證
<4>查詢書籍
<5>借書
<6>還書
<7>離開系統
請選擇欲使用之功能:
3
請輸入欲查詢之卡號(電話號碼):
24315991
姓名: 老劉
信箱: ky6@gmail.com

-------Hyper Automatic Library System--------
歡迎來到自動化圖書借閱系統
<1>新增借閱證
<2>新增書籍
<3>查詢借閱證
<4>查詢書籍
<5>借書
<6>還書
<7>離開系統
請選擇欲使用之功能:
4
請輸入欲查詢之書籍編號(ISBN):
001122
書名: 魔法石
出版社: 靜宜
可借數量: 1

-------Hyper Automatic Library System--------
歡迎來到自動化圖書借閱系統
<1>新增借閱證

<2>新增書籍

<3>查詢借閱證

<4>查詢書籍

<5>借書

<6>還書

<7>離開系統

請選擇欲使用之功能:

4

請輸入欲查詢之書籍編號(ISBN):

004321

書名: 會寫 Python 的好處

出版社: 清華

可借數量: 3

-------Hyper Automatic Library System-------

歡迎來到自動化圖書借閱系統

<1>新增借閱證

<2>新增書籍

<3>查詢借閱證

<4>查詢書籍

<5>借書

<6>還書

<7>離開系統

請選擇欲使用之功能:

5

請輸入卡號(電話號碼):

24315050

請輸入書籍編號(ISBN):

0000122

請輸入欲借數量:

1

操作成功。

-------Hyper Automatic Library System-------

歡迎來到自動化圖書借閱系統

<1>新增借閱證

<2>新增書籍

<3>查詢借閱證
<4>查詢書籍
<5>借書
<6>還書
<7>離開系統
請選擇欲使用之功能:
6
請輸入卡號(電話號碼):
24315991
請輸入書籍編號(ISBN):
0000122
請輸入欲還數量:
2

操作成功。

-------Hyper Automatic Library System-------
歡迎來到自動化圖書借閱系統
<1>新增借閱證
<2>新增書籍
<3>查詢借閱證
<4>查詢書籍
<5>借書
<6>還書
<7>離開系統
請選擇欲使用之功能:
7
謝謝使用,歡迎下次光臨 ^_^。

專門為中學生寫的程式語言設計

專門為中學生寫的程式語言設計：強化邏輯思考力

2018年8月初版　　　　　　　　　　　　　　　　　　　定價：新臺幣380元
2020年10月初版第三刷
有著作權·翻印必究
Printed in Taiwan.

著　　者	李	家	同
	劉	國	有
	謝	一	功
	侯	冠	雄
	陳	庭	偉
叢書主編	李	芃	葦
校　　對	謝	正	葦
整體設計	菩	薩	蠻

出　版　者	聯經出版事業股份有限公司	副總編輯	陳　逸　華
地　　　址	新北市汐止區大同路一段369號1樓	總編輯	涂　豐　恩
叢書編輯電話	(02)86925588轉5317	總經理	陳　芝　宇
台北聯經書房	台北市新生南路三段94號	社　　長	羅　國　俊
電　　　話	(02)23620308	發行人	林　載　爵
台中分公司	台中市北區崇德路一段198號		
暨門市電話	(04)22312023		
台中電子信箱	e-mail：linking2@ms42.hinet.net		
郵政劃撥帳戶第	0100559-3號		
郵撥電話	(02)23620308		
印　刷　者	世和印製企業有限公司		
總　經　銷	聯合發行股份有限公司		
發　行　所	新北市新店區寶橋路235巷6弄6號2樓		
電　　　話	(02)29178022		

行政院新聞局出版事業登記證局版臺業字第0130號

本書如有缺頁，破損，倒裝請寄回台北聯經書房更換。　　ISBN 978-957-08-5152-6 (平裝)
電子信箱：linking@udngroup.com

國家圖書館出版品預行編目資料

專門為中學生寫的程式語言設計：強化邏輯思考力/
李家同等著 . 初版 . 新北市 . 聯經 . 2018年8月（民107年）. 312面 .
17.6×25公分（專門為中學生寫的程式語言設計）
ISBN 978-957-08-5152-6（平裝）
[2020年10月初版第三刷]

1.資訊教育　2.電腦程式設計　3.中等教育

524.375　　　　　　　　　　　　　　　　　107011942